Dr. Oetker | light

low fat **backen**

Dr. Oetker | light

low fat **backen**

Dr. Oetker Verlag

Light liegt im Trend – gerade beim Backen!

Wer auf seine Linie achten möchte – oder muss – braucht dabei auf Genuss und vor allem fruchtig süße Überraschungen auf keinen Fall zu verzichten. Wir zeigen Ihnen, wie Sie wenig Fett und viel Geschmack in eine Backform bringen können.

Dafür müssen Sie kein Back-Profi sein, denn Dr. Oetker-Backrezepte sind nach den neuesten Erkenntnissen entwickelt und in der Dr. Oetker Versuchküche getestet. Damit haben Sie die Geling-Garantie. So bekommen Sie neue Anregungen und tolle Überraschungsrezepte, die Lust auf „Leichtes" machen.

Sie haben die Wahl: Auf den folgenden Seiten finden Sie leckeres Kleingebäck, beeindruckende Torten und saftige Kuchen aus der Form oder vom Backblech. Egal ob Sie für die Familie oder gleich für eine große Runde backen möchten.

Abkürzungen

EL	=	Esslöffel
TL	=	Teelöffel
Msp.	=	Messerspitze
Pck.	=	Packung/Päckchen
g	=	Gramm
kg	=	Kilogramm
ml	=	Milliliter
l	=	Liter
evtl.	=	eventuell
geh.	=	gehäuft
gestr.	=	gestrichen
TK	=	Tiefkühlprodukt
°C	=	Grad Celsius
Ø	=	Durchmesser
E	=	Eiweiß
F	=	Fett
Kh	=	Kohlenhydrate
kcal	=	Kilokalorien
kJ	=	Kilojoule

Hinweise zu den Rezepten

Lesen Sie bitte vor der Zubereitung – besser noch vor dem Einkaufen – das Rezept einmal vollständig durch. Oft werden die Arbeitsabläufe oder -zusammenhänge dann klarer.

Die in den Rezepten angegebenen Backtemperaturen und -zeiten sind Richtwerte, die je nach individueller Hitzeleistung des Backofens über- oder unterschritten werden können. Bitte beachten Sie deshalb bei der Einstellung des Backofens die Gebrauchsanweisung des Herstellers und machen Sie nach Beendigung der Backzeit eine Garprobe.

Zubereitungszeiten

Die Zubereitungszeit beinhaltet nur die Zeit für die eigentliche Zubereitung, die Backzeiten sind gesondert ausgewiesen. Längere Wartezeiten wie z. B. Kühlzeiten sind ebenfalls nicht mit einbezogen.

Seite 8–33 **Aus der Form**

Seite 34–63 **Torten**

Vom Blech Seite 64–89

Kleingebäck Seite 90–121

Ratgeber Seite 122–123

Rosetten-Kuchen

(16 Stück)

Mit Alkohol

Zubereitungszeit: 45 Minuten, ohne Teiggehzeit
Backzeit: etwa 45 Minuten

Zum Vorbereiten:

50 g	Rosinen
1 EL	Rum

Für den Hefeteig:

375 g	Weizenmehl
1 Pck.	Dr. Oetker Trockenbackhefe
100 g	Zucker
1 Pck.	Dr. Oetker Vanillin-Zucker
1 Prise	Salz
1 Pck.	Dr. Oetker Finesse Orangenfrucht
1	Ei (Größe M)
50 g	zerlassene abgekühlte Halbfettbutter (39 % Fett)
150 ml	lauwarme fettarme Milch (1,5 % Fett)

Für die Füllung:

1 Pck.	Dr. Oetker Backfeste Pudding-Creme
250 ml (1/4 l)	fettarme Milch (1,5 % Fett)
150 g	Crème légère
2	rote Äpfel (etwa 350 g)
7 EL	Ahornsirup

1. Zum Vorbereiten Rosinen in Rum einweichen.

2. Für den Teig Mehl in eine Rührschüssel sieben, mit Trockenbackhefe sorgfältig vermischen. Zucker, Vanillin-Zucker, Salz, Orangenfrucht, Ei, Butter und Milch hinzufügen.

3. Die Zutaten mit Handrührgerät mit Knethaken zunächst auf niedrigster, dann auf höchster Stufe in etwa 5 Minuten zu einem glatten Teig verarbeiten. Den Teig zugedeckt so lange an einem warmen Ort stehen lassen, bis er sich sichtbar vergrößert hat.

4. Für die Füllung Backfeste Pudding-Creme mit Milch nach Packungsanleitung zubereiten, zuletzt Crème légère unterrühren. Den Teig leicht mit Mehl bestäuben, aus der Schüssel nehmen, auf einer bemehlten Arbeitsfläche nochmals kurz durchkneten und zu einem Rechteck (etwa 50 x 30 cm) ausrollen.

5. Den Hefeteig mit der Puddingmasse bestreichen. Äpfel waschen, abtrocknen, vierteln, entkernen und mit der Schale in kleine Würfel schneiden. Apfelwürfel mit den Rosinen mischen und auf der Puddingmasse verteilen, dabei am Rand etwa 1 cm frei lassen.

6. Den Teig von der längeren Seite her aufrollen. Die Rolle in etwa 3 cm breite Stücke schneiden und mit der Schnittfläche nach oben eng nebeneinander in eine Springform (Ø 28 cm, mit Backpapier belegt) legen. Den Teig zugedeckt nochmals so lange an einem warmen Ort gehen lassen, bis er sich sichtbar vergrößert hat. Die Form auf dem Rost in den Backofen schieben.

Ober-/Unterhitze:
etwa 180 °C (vorgeheizt, unteres Drittel)
Heißluft: etwa 160 °C (nicht vorgeheizt)
Gas: Stufe 2–3 (nicht vorgeheizt, unteres Drittel)
Backzeit: etwa 45 Minuten.

7. Den Kuchen aus der Form lösen und auf einen mit Backpapier belegten Kuchenrost legen. Den Kuchen sofort mit Hilfe eines Pinsels mit Ahornsirup bestreichen und erkalten lassen.

Pro Stück:	
Eiweiß:	4,7 g
Fett:	3,8 g
Kohlenhydrate:	40,7 g
kJ:	913
kcal:	218

Kirsch-Reis-Kuchen

(16 Stück)

Für Kinder

Zubereitungszeit: 65 Minuten, ohne Abkühlzeit
Backzeit: etwa 75 Minuten

Zum Vorbereiten:

1 Glas	Sauerkirschen (Abtropfgewicht 350 g)
400 ml	fettarme Milch (1,5 % Fett)
1 Pck.	Dr. Oetker Bourbon-Vanille-Zucker
100 g	Milchreis

Für den Teig:

50 g	weiche Joghurtbutter (69 % Fett)
125 g	Zucker
1 Pck.	Dr. Oetker Finesse Geriebene Zitronenschale
3	Eigelb (Größe M)
50 g	Speisestärke
1 TL	Dr. Oetker Backin
500 g	Speisequark (Magerstufe)
3	Eiweiß (Größe M)

Zum Bestreuen:

20 g	gehackte Pistazienkerne

1. Zum Vorbereiten Sauerkirschen in einem Sieb gut abtropfen lassen.

2. Milch und Vanille-Zucker in einem Topf zum Kochen bringen. Milchreis hinzugeben, unter Rühren zum Kochen bringen und in etwa 15 Minuten bei schwacher Hitze und geschlossenem Deckel ausquellen lassen. Milchreis etwas abkühlen lassen.

3. Für den Teig Joghurtbutter mit Handrührgerät mit Rührbesen auf höchster Stufe geschmeidig rühren. Nach und nach Zucker und Zitronenschale unterrühren. Eigelb nach und nach unterrühren (jedes Eigelb knapp 1/2 Minute).

4. Speisestärke mit Backin mischen, sieben und auf mittlerer Stufe unterrühren. Quark und Milchreis unterrühren. Eiweiß steif schlagen, zusammen mit den Sauerkirschen vorsichtig unterheben.

5. Den Teig in eine Springform (Ø 26 cm, Boden gefettet) geben, glatt streichen und mit Pistazienkernen bestreuen. Die Form auf dem Rost in den Backofen schieben.

Ober-/Unterhitze: etwa 180 °C (vorgeheizt)
Heißluft: etwa 160 °C (nicht vorgeheizt)
Gas: Stufe 2–3 (nicht vorgeheizt)
Backzeit: etwa 75 Minuten, evtl. nach 40 Minuten mit Backpapier zudecken.

6. Die Form auf einen Kuchenrost stellen. Den Kuchen etwas abkühlen lassen, dann aus der Form lösen. Den Kuchen kalt oder warm servieren.

Pro Stück:

Eiweiß:	7,1 g
Fett:	4,8 g
Kohlenhydrate:	22,7 g
kJ:	690
kcal:	165

Tipp: Statt Speisestärke können Sie auch 1 Päckchen Dr. Oetker Pudding-Pulver Vanille-Geschmack in den Teig geben.

Apfel-Zimt-Gugelhupf

(20 Stück)

Einfach

Zubereitungszeit:	20 Minuten
Backzeit:	etwa 55 Minuten

Zum Vorbereiten:

2	Äpfel (etwa 400 g), z. B. Cox Orange

Für den Hefeteig:

375 g	Weizenmehl
1 Pck.	Dr. Oetker Hefeteig Garant
125 g	Zucker
1 Pck.	Dr. Oetker Vanillin-Zucker
1 Prise	Salz
2 gestr. TL	gemahlener Zimt
2	Eier (Größe M)
200 ml	fettarme Milch (1,5 % Fett)
100 g	weiche Halbfettbutter (39 % Fett)

Zum Bestreichen und Bestreuen:

2 EL	Aprikosenkonfitüre
50 g	Haselnusskrokant

Pro Stück:

Eiweiß:	3,5 g
Fett:	3,5 g
Kohlenhydrate:	26,9 g
kJ:	651
kcal:	155

1. Zum Vorbereiten Äpfel waschen, schälen, vierteln, entkernen und in kleine Stücke schneiden.

2. Für den Teig Mehl in eine Rührschüssel sieben, mit Hefeteig Garant sorgfältig vermischen. Zucker, Vanillin-Zucker, Salz, Zimt, Eier, Milch und Halbfettbutter hinzufügen. Die Zutaten mit Handrührgerät mit Knethaken zunächst kurz auf niedrigster, dann auf höchster Stufe in etwa 2 Minuten zu einem glatten Teig verarbeiten. Apfelstücke kurz unterkneten.

3. Den Teig in eine Gugelhupf- oder Napfkuchenform (Ø 22 cm, gefettet) geben und glatt streichen. Die Form auf dem Rost in den Backofen schieben.

Ober-/Unterhitze:
etwa 180 °C (vorgeheizt, unteres Drittel)
Heißluft: etwa 160 °C (nicht vorgeheizt)
Gas: Stufe 2–3 (nicht vorgeheizt, unteres Drittel)
Backzeit: etwa 55 Minuten.

4. Den Gugelhupf etwa 10 Minuten in der Form stehen lassen, dann aus der Form lösen und auf einen Kuchenrost stürzen.

5. Zum Bestreichen und Bestreuen Konfitüre durch ein Sieb streichen, mit Hilfe eines Backpinsels auf den noch heißen Kuchen streichen und sofort mit Krokant bestreuen. Gugelhupf erkalten lassen.

Birnen-Brombeer-Tarte

(12 Stück)

Preiswert

Zubereitungszeit:	50 Minuten, ohne Teiggehzeit
Backzeit:	etwa 25 Minuten

Für den Hefeteig:

250 g	Weizenmehl
1 Pck.	Dr. Oetker Trockenbackhefe
50 g	Zucker
1 Prise	Salz
150 ml	lauwarme fettarme Milch (1,5 % Fett)

Für den Belag:

etwa 750 g	Birnen
	Saft von 1/2 Zitrone
etwa 125 g	frische Brombeeren

Für die Form:

etwas	Halbfettbutter (39 % Fett)

Zum Bestreuen:

2 TL	brauner Rohrzucker

1. Für den Teig Mehl in eine Rührschüssel sieben, mit Trockenbackhefe sorgfältig vermischen. Zucker, Salz und Milch hinzufügen.

2. Die Zutaten mit Handrührgerät mit Knethaken zunächst kurz auf niedrigster, dann auf höchster Stufe in etwa 5 Minuten zu einem Teig verarbeiten. Den Teig zugedeckt so lange an einem warmen Ort stehen lassen, bis er sich sichtbar vergrößert hat.

3. Für den Belag Birnen schälen, vierteln und entkernen. Birnenviertel in dicke Spalten schneiden und mit Zitronensaft beträufeln. Brombeeren verlesen, evtl. kurz abspülen und trockentupfen.

4. Den Teig leicht mit Mehl bestäuben, aus der Schüssel nehmen und auf einer bemehlten Arbeitsfläche nochmals kurz durchkneten. Den Teig zu einer runden Platte (Ø etwa 30 cm) ausrollen, diese in eine Tarte- oder Springform (Ø 28 cm, Boden gefettet) legen, dabei den Rand etwa 2 cm hochdrücken.

5. Birnenspalten dicht an dicht dachziegelartig auf den Teigboden legen. Den Rand mit Brombeeren belegen. Restliche Brombeeren auf den Birnenspalten verteilen. Den Teig nochmals so lange an einem warmen Ort gehen lassen, bis er sich sichtbar vergrößert hat. Die Form auf dem Rost in den Backofen schieben.

Ober-/Unterhitze: etwa 200 °C (vorgeheizt)
Heißluft: etwa 180 °C (vorgeheizt)
Gas: Stufe 3–4 (vorgeheizt)
Backzeit: etwa 25 Minuten.

6. Die Form auf einen Kuchenrost stellen. Tarte mit Zucker bestreuen und etwas abkühlen lassen. Warm oder kalt servieren.

Tipp: Statt mit braunem Zucker können Sie die Tarte auch mit Zimt-Zucker bestreuen.

Pro Stück:	
Eiweiß:	3,4 g
Fett:	0,8 g
Kohlenhydrate:	27,2 g
kJ:	541
kcal:	129

Dinkel-Pflaumen-Kranz

(20 Stück) Einfach

Zubereitungszeit: 30 Minuten, ohne Abkühlzeit
Backzeit: etwa 65 Minuten

Zum Vorbereiten:

200 g	Trockenpflaumen

Für den All-in-Teig:

100 g	gesiebtes Weizenmehl
3 gestr. TL	Dr. Oetker Backin
200 g	Dinkel-Vollkornmehl
250 g	Zucker
1 Pck.	Dr. Oetker Vanillin-Zucker
2 Pck.	Dr. Oetker Finesse Amaretto-Bittermandel-Aroma
5	Eier (Größe M)
150 g	weiche Halbfettbutter (39 % Fett)
125 g	Apfelmus aus dem Glas

Zum Bestäuben:

2 EL	Puderzucker
1 EL	Kakaopulver (ungezuckert)

1. Zum Vorbereiten Pflaumen in kleine Stücke schneiden und beiseite legen.

2. Für den Teig Mehl mit Backin und Vollkornmehl mischen, in eine Rührschüssel geben. Zucker, Vanillin-Zucker, Aroma, Eier, Halbfettbutter und Apfelmus hinzufügen. Die Zutaten mit Handrührgerät mit Rührbesen zunächst kurz auf niedrigster, dann auf höchster Stufe in etwa 2 Minuten zu einem glatten Teig verarbeiten. Pflaumenstückchen auf niedrigster Stufe kurz unterrühren.

3. Den Teig in eine Rohrbodenform (Ø 26 cm, gefettet, gemehlt) geben und glatt streichen. Die Form auf dem Rost in den Backofen schieben.

Ober-/Unterhitze:
etwa 180 °C (vorgeheizt, unteres Drittel)
Heißluft: etwa 160 °C (nicht vorgeheizt)
Gas: Stufe 2–3 (nicht vorgeheizt, unteres Drittel)
Backzeit: etwa 65 Minuten.

4. Den Gebäckkranz etwa 10 Minuten in der Form stehen lassen. Dann aus der Form lösen und auf einen mit Backpapier belegten Kuchenrost stürzen, Gebäckkranz erkalten lassen.

5. Zum Bestäuben den Gebäckkranz abwechselnd mit Puderzucker und Kakao bestäuben.

Pro Stück:

Eiweiß:	4,4 g
Fett:	5,3 g
Kohlenhydrate:	30,5 g
kJ:	791
kcal:	189

Tipp: Der Kranz schmeckt frisch am besten.

Sauerkirschtarte

(12 Stück)

Fruchtig

Zubereitungszeit: 55 Minuten, ohne Abkühlzeit
Backzeit: etwa 50 Minuten

Zum Vorbereiten:

1	Glas Sauerkirschen (Abtropfgewicht 350 g)

Für den Knetteig:

200 g	Weizenmehl
50 g	Zucker
1/2 Pck.	Dr. Oetker Finesse Geriebene Zitronenschale
1 Prise	Salz
1	Ei (Größe M)
100 g	weiche Butter oder Margarine

Zum Bestreuen:

20 g	Semmelbrösel

Für den Guss:

3	Eier (Größe M)
75 g	Zucker
1 Pck.	Dr. Oetker Vanillin-Zucker
1/2 Pck.	Dr. Oetker Finesse Geriebene Zitronenschale
300 g	fettarmer Naturjoghurt (1,5 % Fett)

1. Zum Vorbereiten Sauerkirschen in einem Sieb gut abtropfen lassen.

2. Für den Teig Mehl in eine Rührschüssel sieben. Zucker, Zitronenschale, Salz, Ei und Butter oder Margarine hinzufügen. Die Zutaten mit Handrührgerät mit Knethaken zunächst kurz auf niedrigster, dann auf höchster Stufe gut durcharbeiten.

3. Anschließend auf einer bemehlten Arbeitsfläche zu einem glatten Teig verkneten. Sollte er kleben, ihn in Folie gewickelt eine Zeit lang kalt stellen.

4. Den Teig auf einer bemehlten Arbeitsfläche zu einer runden Platte (Ø etwa 32 cm) ausrollen und in eine Tarte- oder Springform (Ø 28 cm, Boden gefettet) legen, den Rand hochdrücken.

5. Teigboden mehrmals mit einer Gabel einstechen. Die Form auf dem Rost in den Backofen schieben, den Boden vorbacken.

Ober-/Unterhitze: etwa 180 °C (vorgeheizt)
Heißluft: etwa 160 °C (vorgeheizt)
Gas: Stufe 2–3 (vorgeheizt)
Backzeit: etwa 20 Minuten.

6. Die Form auf einen Kuchenrost stellen. Den vorgebackenen Boden etwas abkühlen lassen und mit Semmelbröseln bestreuen.

7. Für den Guss Eier mit Zucker, Vanillin-Zucker, Zitronenschale und Joghurt verrühren.

8. Sauerkirschen auf den vorgebackenen Boden legen, den Guss darauf verteilen. Die Form wieder auf dem Rost in den Backofen schieben und die Tarte **bei gleicher Backofeneinstellung in etwa 30 Minuten** fertig backen.

9. Die Form auf einen Kuchenrost stellen. Die Tarte etwas abkühlen lassen, dann aus der Form lösen und lauwarm servieren.

Pro Stück:

Eiweiß:	5,5 g
Fett:	10,0 g
Kohlenhydrate:	31,8 g
kJ:	1013
kcal:	242

Caribic-Nusskuchen

(20 Stück)

Schnell

Zubereitungszeit:	20 Minuten, ohne Abkühlzeit
Backzeit:	etwa 50 Minuten

Zum Vorbereiten:

100 g	Caribic Royal (Frucht- und Nussmischung), von Seeberger

Für den Biskuitteig:

4	Eier (Größe M)
125 g	Zucker
1 Pck.	Dr. Oetker Vanillin-Zucker
1 Pck.	Dr. Oetker Finesse Natürliches Jamaica-Rum-Aroma
125 g	Weizenmehl
2 gestr. TL	Dr. Oetker Backin
2 gestr. TL	gemahlener Zimt
50 g	gemahlene Haselnusskerne
	Puderzucker nach Belieben

1. Zum Vorbereiten Fruchtmischung in kleine Stücke schneiden.

2. Für den Teig Eier mit Handrührgerät mit Rührbesen auf höchster Stufe in 1 Minute schaumig schlagen. Zucker und Vanillin-Zucker mischen, in 1 Minute einstreuen, dann noch etwa 2 Minuten schlagen. Aroma hinzufügen.

3. Mehl mit Backin und Zimt mischen, die Hälfte davon auf die Eiercreme sieben, kurz auf niedrigster Stufe unterrühren. Restliches Mehlgemisch auf die gleiche Weise unterarbeiten. Haselnusskerne vorsichtig unterheben. Den Teig in eine Kastenform (25 x 11 cm, gefettet, gemehlt) geben und glatt streichen. Fruchtmischungstückchen darauf verteilen.

4. Die Form auf dem Rost in den Backofen schieben.

Ober-/Unterhitze:
etwa 180 °C (vorgeheizt, unteres Drittel)
Heißluft: etwa 160 °C (nicht vorgeheizt)
Gas: Stufe 2–3 (nicht vorgeheizt, unteres Drittel)
Backzeit: etwa 50 Minuten.

5. Den Kuchen etwa 10 Minuten in der Form stehen lassen, dann aus der Form lösen und auf einem Kuchenrost erkalten lassen. Nach Belieben mit Puderzucker bestäuben.

Pro Stück:	
Eiweiß:	2,6 g
Fett:	3,6 g
Kohlenhydrate:	15,0 g
kJ:	432
kcal:	103

Obstkuchen mit Mohn-Marzipan-Creme (16 Stück)

Raffiniert

Zubereitungszeit: 40 Minuten, ohne Kühlzeit
Backzeit: etwa 25 Minuten

Für den Biskuitteig:

25 g	Butter oder Margarine
2	Eier (Größe M)
2 EL	heißes Wasser
60 g	Zucker
35 g	Weizenmehl
25 g	Speisestärke
1 TL	Kakaopulver (ungezuckert)

Für die Creme:

4 Blatt	weiße Gelatine
1 Glas (500 g)	Mohn-Marzipan-Joghurt, z. B. von Ehrmann
200 ml	Schlagsahne

Zum Garnieren:

4	reife Aprikosen
1/2	Ogen-Melone (etwa 500 g Fruchtfleisch)
200 g	frische Himbeeren

1. Für den Teig Butter oder Margarine zerlassen und abkühlen lassen. Eier und Wasser mit Handrührgerät mit Rührbesen auf höchster Stufe in 1 Minute schaumig schlagen. Zucker in 1 Minute einstreuen, dann noch etwa 2 Minuten schlagen. Butter oder Margarine unterrühren.

2. Mehl mit Speisestärke und Kakao mischen, auf die Eiercreme sieben, kurz auf niedrigster Stufe unterrühren. Den Teig in eine Obstkuchenform (Ø 28 cm, gefettet, gemehlt) geben und glatt streichen. Die Form auf dem Rost in den Backofen schieben.

Ober-/Unterhitze: etwa 180 °C (vorgeheizt)
Heißluft: etwa 160 °C (vorgeheizt)
Gas: Stufe 2–3 (vorgeheizt)
Backzeit: etwa 25 Minuten.

3. Den Biskuitboden in der Form kurz abkühlen lassen, dann aus der Form lösen und auf einen mit Backpapier belegten Kuchenrost stürzen. Biskuitboden erkalten lassen.

4. Für die Creme Gelatine in kaltem Wasser nach Packungsanleitung einweichen, leicht ausdrücken. Die ausgedrückte Gelatine in einem kleinen Topf unter Rühren erwärmen (nicht kochen), bis sie völlig gelöst ist, leicht abkühlen lassen.

5. Aufgelöste Gelatine mit 4 Esslöffeln Joghurt verrühren. Dann mit dem restlichen Joghurt verrühren. Sahne steif schlagen und unterheben. Joghurt-Sahne-Masse kalt stellen. Die etwas dicklich gewordene Joghurt-Sahne-Masse auf dem Biskuitboden verteilen und glatt streichen.

6. Zum Garnieren Aprikosen einige Sekunden in kochendes Wasser legen, kurz in kaltem Wasser abschrecken, enthäuten, halbieren, entkernen und in Spalten schneiden. Melonenhälfte entkernen, das Fruchtfleisch mit einem Kugelausstecher aus der Schale lösen. Himbeeren verlesen. Den Biskuitboden mit dem vorbereiteten Obst belegen und etwa 2 Stunden kalt stellen.

Pro Stück:

Eiweiß:	3,3 g
Fett:	7,4 g
Kohlenhydrate:	16,2 g
kJ:	615
kcal:	147

Cognac-Karamell-Kuchen

(16 Stück)

Mit Alkohol

Zubereitungszeit:	45 Minuten, ohne Kühlzeit
Backzeit:	etwa 20 Minuten

Zum Vorbereiten:

1 Dose	Birnenhälften (Abtropfgewicht 470 g)

Für den All-in-Teig:

125 g	Weizenmehl
25 g	Speisestärke
1 EL	Kakaopulver (ungezuckert)
2 TL	Dr. Oetker Backin
75 g	Zucker
1 Pck.	Dr. Oetker Vanillin-Zucker
3	Eier (Größe M)
20 g	weiche Joghurtbutter (69 % Fett)
2 EL	Cognac
50 g	Birnenpüree von den abgetropften Birnenhälften

Für den Belag:

3 Blatt	weiße Gelatine
450 ml	fettarme Milch (1,5 % Fett)
2 Pck.	Paradies Creme Sahne-Karamell-Geschmack
3 TL	Cognac

Außerdem:

2 EL	Karamellsauce

Pro Stück:

Eiweiß:	3,9 g
Fett:	3,7 g
Kohlenhydrate:	27,4 g
kJ:	686
kcal:	164

1. Zum Vorbereiten Birnenhälften in einem Sieb gut abtropfen lassen. Für den All-in-Teig 50 g der Birnenhälften mit einem Mixstab pürieren. Restliche Birnenhälften für den Belag beiseite legen.

2. Für den Teig Mehl mit Speisestärke, Kakao und Backin mischen, in eine Rührschüssel sieben. Zucker, Vanillin-Zucker, Eier, Butter, Cognac und Birnenpüree hinzufügen. Die Zutaten mit Handrührgerät mit Rührbesen zunächst kurz auf niedrigster, dann auf höchster Stufe in etwa 2 Minuten zu einem glatten Teig verarbeiten.

3. Den Teig in eine Springform (Ø 26 cm, mit Backpapier belegt) geben und glatt streichen. Die Form auf dem Rost in den Backofen schieben.

Ober-/Unterhitze: etwa 180 °C (vorgeheizt, unteres Drittel)
Heißluft: etwa 160 °C (vorgeheizt)
Gas: Stufe 2–3 (vorgeheizt, unteres Drittel)
Backzeit: etwa 20 Minuten.

4. Den Gebäckboden aus der Form lösen, auf einen mit Backpapier belegten Kuchenrost stürzen, mitgebackenes Backpapier abziehen. Gebäckboden erkalten lassen und auf eine Tortenplatte legen, einen Tortenring darumstellen.

5. Für den Belag Gelatine in kaltem Wasser nach Packungsanleitung einweichen. Beiseite gelegte Birnenhälften jeweils in 4 Spalten schneiden. Den Gebäckboden damit belegen, dabei am Rand 2–3 cm frei lassen.

6. Milch in eine Rührschüssel geben, beide Päckchen Paradies Creme hinzufügen und nach Packungsanleitung aufschlagen. Zuletzt Cognac unterrühren.

7. Gelatine in einem kleinen Topf erwärmen (nicht kochen), bis sie völlig gelöst ist, leicht abkühlen lassen. Gelatine mit etwa

(Fortsetzung Seite 26)

2 Esslöffeln der Karamellcreme verrühren, dann mit der restlichen Karamellcreme verrühren.

8. Die Creme auf den Birnenspalten verteilen und gleichmäßig mit einem Teigschaber verstreichen. Kleine Vertiefungen mit Hilfe eines Teelöffels in die Creme drücken. Den Kuchen mindestens 3 Stunden kalt stellen.

9. Tortenring vorsichtig lösen und entfernen. Die Kuchenoberfläche mit der Karamellsauce besprenkeln und servieren.

Apfelkuchen, ganz leicht

(16 Stück) **Einfach**

Zubereitungszeit: 35 Minuten, ohne Abkühlzeit
Backzeit: etwa 25 Minuten

Zum Vorbereiten:

25 g	abgezogene, gehobelte Mandeln
etwa 850 g	Äpfel, z. B. Boskop

Für den Biskuitteig:

2	Eier (Größe M)
100 g	Zucker
1 Pck.	Dr. Oetker Vanillin-Zucker
250 g	Weizenmehl
3 gestr. TL	Dr. Oetker Backin
150 g	fettarmer Joghurt (1,5 % Fett)
3 TL	Speiseöl, z. B. Distelöl

Pro Stück:

Eiweiß:	3,3 g
Fett:	2,8 g
Kohlenhydrate:	23,4 g
kJ:	554
kcal:	132

1. Zum Vorbereiten Mandeln in einer Pfanne ohne Fett leicht rösten und auf einem Teller erkalten lassen. Äpfel schälen, vierteln, entkernen und in Achtel schneiden.

2. Für den Teig Eier mit Handrührgerät mit Rührbesen auf höchster Stufe in 1 Minute schaumig schlagen. Zucker und Vanillin-Zucker mischen, in 1 Minute einstreuen, dann noch etwa 2 Minuten schlagen.

3. Mehl mit Backin mischen, die Hälfte davon auf die Eiercreme sieben, kurz auf niedrigster Stufe unterrühren. Restliches Mehlgemisch mit Joghurt und Speiseöl auf die gleiche Weise unterarbeiten. Den Teig in eine Springform (Ø 26 cm, mit Backpapier belegt) geben und glatt streichen.

4. Apfelstückchen auf dem Teig verteilen und mit den Mandeln bestreuen. Die Form auf dem Rost in den Backofen schieben.

Ober-/Unterhitze:
etwa 180 °C (vorgeheizt, unteres Drittel)
Heißluft: etwa 160 °C (vorgeheizt)
Gas: Stufe 2–3 (vorgeheizt, unteres Drittel)
Backzeit: etwa 25 Minuten.

5. Die Form auf einen Kuchenrost stellen. Den Springformrand lösen und entfernen. Den Apfelkuchen auf dem Springformboden erkalten lassen und auf eine Tortenplatte legen.

Espresso-Mohn-Kranz

(20 Stück)

Gut vorzubereiten

Zubereitungszeit: 25 Minuten, ohne Abkühlzeit
Backzeit: etwa 45 Minuten

Für den Rührteig:

100 g	weiche Butter oder Margarine
150 g	Zucker
1 Prise	Salz
3	Eier (Größe M)
250 g	Speisequark (Magerstufe)
1 Pck. (250 g)	backfertige Mohnfüllung
2 TL	lösliches Espresso- oder Kaffeepulver (in 1 EL heißem Wasser aufgelöst)
275 g	Weizenmehl
1 Pck.	Dr. Oetker Backin

Für den Guss:

200 g	gesiebter Puderzucker
3–4 TL	lösliches Espresso- oder Kaffeepulver (in 2–3 EL heißem Wasser aufgelöst)

Zum Bestreuen:

etwa 15	gehackte Espressobohnen

1. Für den Teig Butter oder Margarine mit Handrührgerät mit Rührbesen auf höchster Stufe geschmeidig rühren. Nach und nach Zucker und Salz unterrühren. So lange rühren, bis eine gebundene Masse entstanden ist.

2. Eier nach und nach unterrühren (jedes Ei etwa 1/2 Minute). Quark, Mohnfüllung und Espresso- oder Kaffeelösung hinzugeben. Mehl mit Backin mischen, sieben, in 2 Portionen auf mittlerer Stufe unterrühren.

3. Den Teig in eine Napfkuchen- oder Gugelhupfform (Ø 22 cm, gefettet, gemehlt) geben und glatt streichen. Die Form auf dem Rost in den Backofen schieben.

Ober-/Unterhitze: etwa 180 °C (vorgeheizt)
Heißluft: etwa 160 °C (nicht vorgeheizt)
Gas: Stufe 2–3 (nicht vorgeheizt)
Backzeit: etwa 45 Minuten.

4. Den Kuchen etwa 10 Minuten in der Form abkühlen lassen, dann aus der Form lösen und auf einen Kuchenrost stürzen. Den Kuchen erkalten lassen.

5. Für den Guss Puderzucker und aufgelöstes Espressopulver zu einer dickflüssigen Masse verrühren. Den Kuchen mit dem Guss überziehen. Espressobohnen auf den feuchten Guss streuen. Guss fest werden lassen.

Pro Stück:	
Eiweiß:	5,1 g
Fett:	7,2 g
Kohlenhydrate:	32,7 g
kJ:	904
kcal:	216

Pflaumentarte

(12 Stück)

Einfach – preiswert

Zubereitungszeit:	40 Minuten, ohne Abkühlzeit
Backzeit:	etwa 30 Minuten

Zum Vorbereiten:

1 Glas	Pflaumenhälften (Abtropfgewicht 385 g)
100 g	Trockenpflaumen (ohne Stein)
etwa 3 EL	Wasser

Für den Teig:

100 g	Zucker
3 EL	Speiseöl
1 TL	gemahlener Zimt
2 TL	Kakaopulver (ungezuckert)
3	Eier (Größe M)
175 g	Weizenmehl
2 gestr. TL	Dr. Oetker Backin
3 EL	Milch

Zum Bestreuen:

20 g	abgezogene, gehobelte Mandeln

Zum Bestreichen:

2 EL	rotes Johannisbeergelee

1. Zum Vorbereiten Pflaumenhälften in einem Sieb gut abtropfen lassen. Trockenpflaumen mit Wasser in einen hohen Rührbecher geben und pürieren.

2. Für den Teig Pflaumenpüree in eine Rührschüssel geben. Zucker, Speiseöl, Zimt und Kakao hinzufügen. Die Zutaten mit Handrührgerät mit Rührbesen zu einer geschmeidigen Masse verrühren. Eier nach und nach unterrühren (jedes Ei etwa 1/2 Minute). Mehl mit Backin mischen, sieben, in 2 Portionen abwechselnd mit der Milch auf mittlerer Stufe unterrühren.

3. Den Teig in eine Tarte- oder Springform (Ø 28 cm, gefettet) geben und glatt streichen. Die Pflaumenhälften dachziegelartig oder rosettenförmig darauf verteilen.

4. Die Form auf dem Rost in den Backofen schieben.

Ober-/Unterhitze:
etwa 180 °C (vorgeheizt, unteres Drittel)
Heißluft: etwa 160 °C (vorgeheizt)
Gas: Stufe 2–3 (vorgeheizt, unteres Drittel)
Backzeit: etwa 30 Minuten.

5. Die Form auf einen Kuchenrost stellen. Tarte etwas abkühlen lassen.

6. Zum Bestreuen Mandeln in einer Pfanne ohne Fett goldbraun rösten und erkalten lassen.

7. Zum Bestreichen Gelee in einem kleinen Topf unter Rühren erwärmen. Die Tarte damit bestreichen und mit Mandeln bestreuen. Die Tarte in der Tarte- oder Springform servieren.

Pro Stück:	
Eiweiß:	4,2 g
Fett:	5,7 g
Kohlenhydrate:	32,1 g
kJ:	832
kcal:	199

Aprikosen-Quark-Gugelhupf

(20 Stück)

Gut vorzubereiten

Zubereitungszeit:	30 Minuten
Backzeit:	etwa 50 Minuten

Zum Vorbereiten:

1 kleine Dose	Aprikosenhälften (Abtropfgewicht 240 g)

Für den Rührteig:

100 g	Butter oder Margarine
150 g	Zucker
1 Pck.	Dr. Oetker Vanillin-Zucker
1 Prise	Salz
4 Tropfen	Bittermandel-Aroma
3	Eier (Größe M)
125 g	Speisequark (Magerstufe)
1 EL	Zitronensaft
300 g	Weizenmehl
1 Pck.	Dr. Oetker Backin
15	ganze, abgezogene Mandeln

Zum Bestreichen:

2 EL	Aprikosenkonfitüre
2 EL	Wasser

1. Zum Vorbereiten Aprikosenhälften in einem Sieb gut abtropfen lassen und in kleine Stücke schneiden.

2. Für den Teig Butter oder Margarine mit Handrührgerät mit Rührbesen auf höchster Stufe geschmeidig rühren. Nach und nach Zucker, Vanillin-Zucker, Salz und Aroma unterrühren. So lange rühren, bis eine gebundene Masse entstanden ist.

3. Eier nach und nach unterrühren (jedes Ei etwa 1/2 Minute). Quark und Zitronensaft unterrühren. Mehl mit Backin mischen, sieben, portionsweise auf mittlerer Stufe unterrühren. Aprikosenstücke unterheben.

4. Mandeln auf dem Boden einer Gugelhupfform (Ø 22 cm, gefettet) verteilen. Den Teig darauf geben und glatt streichen. Die Form auf dem Rost in den Backofen schieben.

Ober-/Unterhitze: etwa 180 °C (vorgeheizt)
Heißluft: etwa 160 °C (vorgeheizt)
Gas: Stufe 2–3 (vorgeheizt)
Backzeit: etwa 50 Minuten.

5. Den Gugelhupf etwa 10 Minuten in der Form stehen lassen, dann aus der Form lösen und auf einen Kuchenrost stürzen.

6. Zum Bestreichen Konfitüre durch ein Sieb streichen, mit Wasser in einem kleinen Topf unter Rühren kurz aufkochen lassen. Die Kuchenoberfläche damit bestreichen. Gugelhupf erkalten lassen.

Pro Stück:	
Eiweiß:	3,8 g
Fett:	6,1 g
Kohlenhydrate:	23,1 g
kJ:	682
kcal:	163

Apfel-Quark-Charlotte

(16 Stück)

Raffiniert – für Gäste

Zubereitungszeit: 90 Minuten, ohne Kühlzeit
Backzeit: etwa 8 Minuten

Für den Biskuitteig:

3	Eier (Größe M)
1	Eigelb (Größe M)
60 g	Zucker
1 Pck.	Dr. Oetker Vanillin-Zucker
80 g	Weizenmehl
1/2 gestr. TL	Dr. Oetker Backin
200 g	Apfelgelee

Für die Apfelgrütze:

200 g	Äpfel (1–2 Stück), z. B. Elstar, Jonagold
1 Pck.	Rote Grütze
300 ml	Apfelsaft
70 g	Zucker

Für die Quarkcreme:

4 Blatt	weiße Gelatine
200 ml	Schlagsahne
250 g	Speisequark (Magerstufe)
50 g	Zucker
1 Pck.	Dr. Oetker Finesse Geriebene Zitronenschale
Saft	von 1/2 Zitrone
1	kleiner Apfel
Saft	von 1/2 Zitrone

1. Für den Teig aus den angegebenen Zutaten wie auf Seite 36 beschrieben einen Biskuitteig zubereiten. Den Teig auf ein Backblech (30 x 40 cm, gefettet, mit Backpapier belegt) geben, glatt streichen. Das Backblech in den Backofen schieben.

Ober-/Unterhitze: etwa 200 °C (vorgeheizt, mittlere Einschubleiste)
Heißluft: etwa 180 °C (vorgeheizt)
Gas: Stufe 3–4 (vorgeheizt, mittlere Einschubleiste)
Backzeit: etwa 8 Minuten.

2. Biskuitplatte vom Rand lösen, auf mit Zucker bestreutes Backpapier stürzen. Biskuitplatte erkalten lassen, mitgebackenes Backpapier abziehen. Platte mit 4 Esslöffeln Gelee bestreichen, von der längeren Seite her aufrollen. Eine Schüssel (1,75 l Inhalt) mit Frischhaltefolie auslegen. Biskuitrolle in gut 1/2 cm dicke Scheiben schneiden. Schüssel mit zwei Drittel der Biskuitscheiben auslegen.

3. Für die Apfelgrütze Äpfel schälen, vierteln, entkernen, fein würfeln. Rote Grütze nach Packungsanleitung, aber nur mit 300 ml Apfelsaft und 70 g Zucker zubereiten. Apfelwürfel unterheben. Masse erkalten lassen, dabei ab und zu umrühren.

4. Für die Quarkcreme Gelatine nach Packungsanleitung einweichen. Sahne steif schlagen. Quark mit Zucker, Zitronenschale und -saft verrühren. Gelatine unter Rühren erwärmen (nicht kochen), bis sie völlig gelöst ist. Gelatine zuerst mit 3 Esslöffeln der Quarkmasse verrühren, dann unter die restliche Quarkmasse rühren. Sahne unterheben. Quarkcreme und Apfelgrütze abwechselnd auf die Biskuitscheiben (Schüssel) geben, mit einer Gabel etwas marmorieren. Restliche Biskuitscheiben darauf verteilen. Charlotte mindestens 3 Stunden kalt stellen.

5. Die Charlotte auf eine Tortenplatte stürzen, Schüssel abnehmen, Folie entfernen. Restliches Gelee unter Rühren aufkochen, Charlotte damit bestreichen.

6. Apfel waschen, abtrocknen, vierteln, entkernen, in sehr dünne Spalten schneiden. Apfelspalten mit Zitronensaft beträufeln, vor dem Servieren dekorativ an den unteren Tortenrand legen.

Pro Stück:

Eiweiß:	4,9 g
Fett:	5,7 g
Kohlenhydrate:	31,9 g
kJ:	840
kcal:	200

Marmorierte Beerentorte

(16 Stück)

Fruchtig

Zubereitungszeit: 55 Minuten, ohne Auftau- und Kühlzeit
Backzeit: etwa 25 Minuten

Für den Biskuitteig:

2	Eier (Größe M)
75 g	Zucker
1 Pck.	Dr. Oetker Vanillin-Zucker
75 g	Weizenmehl
1 TL	Dr. Oetker Backin

Für den Belag:

1 Pck. (etwa 250 g)	TK-Beerenfrüchte
1 Pck.	Tortenguss, rot
25 g	Zucker
6 Blatt	weiße Gelatine
500 g	Speisequark (Magerstufe)
100 g	Zucker
1 EL	Zitronensaft
200 ml	Schlagsahne

1. Für den Teig Eier mit Handrührgerät mit Rührbesen auf höchster Stufe in 1 Minute schaumig schlagen. Zucker und Vanillin-Zucker mischen, in 1 Minute einstreuen, dann noch etwa 2 Minuten schlagen. Mehl mit Backin mischen, auf die Eiercreme sieben, kurz auf niedrigster Stufe unterrühren.

2. Den Teig in eine Springform (Ø 26 cm, mit Backpapier belegt) füllen und glatt streichen. Die Form auf dem Rost in den Backofen schieben.

Ober-/Unterhitze: etwa 180 °C (vorgeheizt)
Heißluft: etwa 160 °C (vorgeheizt)
Gas: Stufe 2–3 (vorgeheizt)
Backzeit: etwa 25 Minuten.

3. Den Biskuitboden aus der Form lösen, auf einen mit Backpapier belegten Kuchenrost stürzen, mitgebackenes Backpapier abziehen. Biskuitboden erkalten lassen und auf eine Platte legen. Einen Tortenring darumstellen.

4. Für den Belag Beerenfrüchte nach Packungsanleitung auftauen lassen und pürieren. Tortenguss mit Zucker mischen, mit dem Beerenpüree gut verrühren, unter Rühren zum Kochen bringen und gut aufkochen lassen. Topf von der Kochstelle nehmen und die Beerenmasse erkalten lassen.

5. Gelatine in kaltem Wasser nach Packungsanleitung einweichen, leicht ausdrücken. Die ausgedrückte Gelatine in einem kleinen Topf unter Rühren erwärmen (nicht kochen), bis sie völlig gelöst ist, leicht abkühlen lassen. Quark mit Zucker und Zitronensaft verrühren. Etwa 4 Esslöffel der Quarkmasse mit der Gelatine verrühren, dann mit der restlichen Quarkmasse verrühren.

6. Sahne steif schlagen. Wenn die Quarkmasse anfängt dicklich zu werden, Sahne unterheben. Die Quarkcreme und das Beerenpüree im Wechsel auf den Biskuitboden geben (der Rand sollte aus Quarkcreme bestehen), das Beerenpüree mit einem Löffelstiel leicht marmorieren. Die Torte mindestens 2 Stunden kalt stellen. Den Tortenring vorsichtig lösen und entfernen.

Pro Stück:	
Eiweiß:	6,6 g
Fett:	5,0 g
Kohlenhydrate:	19,3 g
kJ:	629
kcal:	150

Grapefruit-Ringel-Torte

(16 Stück)

Raffiniert

Zubereitungszeit:	50 Minuten, ohne Kühlzeit
Backzeit:	etwa 12 Minuten

Für den All-in-Teig:

70 g	Weizenmehl
1 gestr. EL	Speisestärke
2 gestr. TL	Dr. Oetker Backin
60 g	Zucker
1 Pck.	Dr. Oetker Vanillin-Zucker
1 Pck.	Dr. Oetker Finesse Geriebene Zitronenschale
2	Eier (Größe M)

Für den Grapefruit-Pudding:

2	Pink Grapefruit
etwa 200 ml	Grapefruit-Limonade
40 g	gesiebte Speisestärke
2 EL	Zucker

Für die Joghurt-Creme:

1 Pck.	gemahlene Gelatine, weiß
6 EL	Wasser
300 g	Naturjoghurt, mild (0,1 % Fett)
50 g	Zucker
1 Pck.	Dr. Oetker Finesse Geriebene Zitronenschale
200 ml	Schlagsahne

Pro Stück:

Eiweiß:	3,0 g
Fett:	4,8 g
Kohlenhydrate:	20,8 g
kJ:	597
kcal:	143

1. Für den Teig Mehl mit Speisestärke und Backin mischen, in eine Rührschüssel sieben. Restliche Zutaten hinzufügen, mit Handrührgerät mit Rührbesen auf höchster Stufe in etwa 2 Minuten zu einem glatten Teig verarbeiten. Den Teig in einer Springform (Ø 26 cm, mit Backpapier belegt) glatt streichen. Die Form auf dem Rost in den Backofen schieben.

Ober-/Unterhitze: etwa 180 °C (vorgeheizt, mittlere Einschubleiste)
Heißluft: etwa 160 °C (vorgeheizt)
Gas: Stufe 2–3 (vorgeheizt, mittlere Einschubleiste)
Backzeit: etwa 12 Minuten.

2. Boden aus der Form lösen, auf einen mit Backpapier belegten Kuchenrost stürzen, mitgebackenes Backpapier abziehen. Boden erkalten lassen, auf eine Platte legen, Tortenring darumstellen.

3. Für den Pudding Grapefruits schälen, so dass die weiße Haut mit entfernt wird. Filets herausschneiden und klein schneiden, Saft dabei auffangen, mit Limonade auf 300 ml auffüllen. Speisestärke mit 6 Esslöffeln des Safts verrühren. Restlichen Saft mit Zucker zum Kochen bringen. Angerührte Speisestärke in den von der Kochstelle genommenen Saft einrühren, unter Rühren etwa 1 Minute kochen lassen. Pudding in eine Schüssel geben, Grapefruitstückchen (einige zum Garnieren beiseite legen) unterheben. Puddingmasse erkalten lassen, dabei ab und zu umrühren.

4. Für die Creme Gelatine mit kaltem Wasser anrühren, 5 Minuten quellen lassen. Alles unter Rühren erwärmen (nicht kochen), bis die Gelatine völlig gelöst ist. Joghurt mit Zucker und Zitronenschale verrühren. Gelatine mit 3 Esslöffeln der Masse verrühren, dann unter die restliche Masse rühren. Sahne steif schlagen. Sobald die Masse anfängt dicklich zu werden, Sahne unterheben. Die Creme auf dem Gebäckboden verteilen und glatt streichen.

5. Den Grapefruit-Pudding in einen Spritzbeutel mit Lochtülle geben, in Ringen in die noch weiche Creme spritzen. Beiseite gelegte Grapefruitstückchen dekorativ darauf legen. Die Torte 2 Stunden kalt stellen. Dann Tortenring lösen und entfernen.

Limetten-Wickeltorte

(16 Stück)

Raffiniert

Zubereitungszeit: 60 Minuten, ohne Kühlzeit
Backzeit: etwa 12 Minuten

Für den Biskuitteig:

4	Eier (Größe M)
125 g	Zucker
75 g	Weizenmehl
50 g	Speisestärke
1 gestr. TL	Dr. Oetker Backin

Für die Creme:

10 Blatt	weiße Gelatine
2	Bio-Limetten (unbehandelt, ungewachst)
500 g	Speisequark (Magerstufe)
500 g	fettarme Dickmilch (1,5 % Fett)
100 g	Zucker
2 Pck.	Dr. Oetker Vanillin-Zucker
200 ml	Schlagsahne

Nach Belieben zum Garnieren:

dünne Limettenscheiben
Limettenstreifen

Pro Stück:

Eiweiß:	8,9 g
Fett:	6,2 g
Kohlenhydrate:	24,9 g
kJ:	811
kcal:	193

1. Für den Teig aus den angegebenen Zutaten wie auf Seite 36 beschrieben einen Biskuitteig zubereiten. Den Teig auf einem Backblech (30 x 40 cm, mit Backpapier belegt) glatt streichen. Das Backblech in den Backofen schieben.

Ober-/Unterhitze: etwa 200 °C (vorgeheizt)
Heißluft: etwa 180 °C (vorgeheizt)
Gas: Stufe 3–4 (vorgeheizt)
Backzeit: etwa 12 Minuten.

2. Die Biskuitplatte auf Backpapier stürzen. Mitgebackenes Backpapier abziehen. Biskuitplatte erkalten lassen.

3. Für die Creme Gelatine in kaltem Wasser nach Packungsanleitung einweichen. Eine Limette heiß waschen, trockentupfen, Schale abreiben. Beide Limetten halbieren, Saft auspressen.

4. Quark mit Dickmilch, Zucker, Vanillin-Zucker, Limettenschale und -saft gut verrühren. Gelatine leicht ausdrücken, in einem kleinen Topf unter Rühren erwärmen (nicht kochen), bis sie völlig gelöst ist, leicht abkühlen lassen. Gelatine mit etwas von der Limettencreme verrühren, dann mit der restlichen Limettencreme verrühren. Sahne steif schlagen. Wenn die Creme anfängt dicklich zu werden, kurz durchrühren und Sahne unterheben.

5. Die Biskuitplatte umdrehen („Hautseite" nach oben), eventuell etwas gerade schneiden, dann von der längeren Seite her in 5 Streifen (je etwa 5 cm breit) schneiden. Biskuitstreifen mit der Hälfte der Limettencreme bestreichen, 15 Minuten ruhen lassen, evtl. kalt stellen.

6. Einen Biskuitstreifen direkt auf einer Tortenplatte zu einer Schnecke aufrollen. Restliche Biskuitstreifen um die Schnecke legen, jeweils fest andrücken. Torte rundherum mit der restlichen Limettencreme (2–3 Esslöffel abnehmen) bestreichen. Nach Belieben mit dünnen Limettenscheiben und -streifen garnieren und mit der abgenommenen Limettencreme verzieren. Torte etwa 3 Stunden kalt stellen.

Schokoladen-Preiselbeer-Torte (16 Stück)

Raffiniert – für Gäste

Zubereitungszeit: 60 Minuten, ohne Kühlzeit
Backzeit: etwa 25 Minuten

Für den Biskuitteig:

2	Eier (Größe M)
75 g	Zucker
1 Pck.	Dr. Oetker Vanillin-Zucker
75 g	Weizenmehl
1 gestr. TL	Dr. Oetker Backin

Für den Belag:

1 Glas	Wild-Preiselbeeren (Einwaage 400 g)
1 Pck.	Tortencreme Mousse au Chocolat
500 ml (1/2 l)	fettarme Milch (1,5 % Fett)
25 g	weiße Schokolade

1. Für den Teig Eier mit Handrührgerät mit Rührbesen auf höchster Stufe in 1 Minute schaumig schlagen. Zucker und Vanillin-Zucker mischen, in 1 Minute einstreuen, dann noch etwa 2 Minuten schlagen.

2. Mehl mit Backin mischen, auf die Eiercreme sieben und kurz auf niedrigster Stufe unterrühren. Den Teig in eine Springform (Ø 26 cm, mit Backpapier belegt) geben und glatt streichen. Die Form auf dem Rost in den Backofen schieben.

Ober-/Unterhitze:
etwa 180 °C (vorgeheizt, unteres Drittel)
Heißluft: etwa 160 °C (vorgeheizt)
Gas: Stufe 2–3 (vorgeheizt, unteres Drittel)
Backzeit: etwa 25 Minuten.

3. Den Biskuitboden aus der Form lösen und auf einem Kuchenrost erkalten lassen. Den Biskuitboden auf eine Tortenplatte legen, einen Tortenring darumstellen.

4. Für den Belag Preiselbeeren (2 Esslöffel beiseite stellen) auf den Biskuitboden geben und glatt streichen, dabei am Rand etwa 1 cm frei lassen. Tortencreme mit 500 ml Milch nach Packungsanleitung zubereiten. Die Creme vom Rand aus auf den mit Preiselbeeren bestrichenen Boden geben und glatt streichen. Anschließend mit Hilfe eines Teelöffels Spitzen ziehen. Torte mindestens 3 Stunden kalt stellen.

5. Schokolade in Stücke brechen, in einem kleinen Gefrierbeutel im Wasserbad bei schwacher Hitze schmelzen. Beutel abtrocknen, etwas durchkneten und eine kleine Ecke abschneiden. Ornamente auf Backpapier spritzen, fest werden lassen.

6. Vor dem Servieren Tortenring lösen und entfernen, und die beiseite gestellten Preiselbeeren in Klecksen auf die Tortenoberfläche geben. Mit den Schokoladenornamenten garnieren.

Tipp: Für den Belag können Sie zur Milch noch zusätzlich 3 Esslöffel Cognac hinzufügen.

Pro Stück:	
Eiweiß:	4,2 g
Fett:	3,4 g
Kohlenhydrate:	29,5 g
kJ:	696
kcal:	166

Multivitamintorte

(16 Stück)

Fruchtig

Zubereitungszeit: 55 Minuten, ohne Kühlzeit
Backzeit: etwa 25 Minuten

Für den Biskuitteig:

3	Eier (Größe M)
3 EL	heißes Wasser
100 g	Zucker
1 Pck.	Dr. Oetker Vanillin-Zucker
1 Prise	Salz
1/2 Pck.	Dr. Oetker Finesse Geriebene Zitronenschale
180 g	Weizenmehl
25 g	Speisestärke
1 gestr. TL	Dr. Oetker Backin

Für den Belag:

2 Dosen	Mandarinen (Abtropfgewicht je 175 g)
10 Blatt	weiße Gelatine
200 g	Frischkäse aus Buttermilch (Frischkäse Halbfettstufe; 6 % Fett absolut)
500 ml (1/2 l)	Frucht Buttermilch Multi-Vitamin (max. 1 % Fett)
80 g	Zucker
1/2 Pck.	Dr. Oetker Finesse Geriebene Zitronenschale
100 ml	Mandarinensaft (aus der Dose)

Pro Stück:

Eiweiß:	6,1 g
Fett:	2,1 g
Kohlenhydrate:	30,1 g
kJ:	690
kcal:	164

1. Für den Teig Eier und Wasser mit Handrührgerät mit Rührbesen auf höchster Stufe in 1 Minute schaumig schlagen. Zucker mit Vanillin-Zucker, Salz und Zitronenschale mischen, in 1 Minute einstreuen, dann noch etwa 2 Minuten schlagen.

2. Mehl mit Speisestärke und Backin mischen, die Hälfte davon auf die Eiercreme sieben, kurz auf niedrigster Stufe unterrühren. Restliches Mehlgemisch auf die gleiche Weise unterarbeiten. Teig in einer Springform (Ø 26 cm, mit Backpapier belegt) glatt streichen. Die Form auf dem Rost in den Backofen schieben.

Ober-/Unterhitze: etwa 180 °C (vorgeheizt)
Heißluft: etwa 160 °C (vorgeheizt)
Gas: Stufe 2–3 (vorgeheizt)
Backzeit: etwa 25 Minuten.

3. Den Biskuitboden aus der Form lösen und auf einen Kuchenrost stürzen. Mitgebackenes Backpapier abziehen. Biskuitboden erkalten lassen, einmal waagerecht durchschneiden. Den unteren Boden auf eine Platte legen, einen Tortenring darumstellen.

4. Für den Belag Mandarinen gut abtropfen lassen, Saft dabei auffangen und 100 ml davon abmessen. Gelatine nach Packungsanleitung einweichen. Frischkäse mit Buttermilch, Zucker, Zitronenschale und Mandarinensaft geschmeidig rühren. Gelatine leicht ausdrücken, in einem kleinen Topf unter Rühren erwärmen (nicht kochen), bis sie völlig gelöst ist, leicht abkühlen lassen. Gelatine mit etwas von der Frischkäse-Masse verrühren, dann mit der restlichen Frischkäse-Masse verrühren, kurz kalt stellen.

5. Gut zwei Drittel der Mandarinen auf dem unteren Biskuitboden verteilen, dabei etwa 1 cm Rand frei lassen. Zwei Drittel der Frischkäse-Masse darauf glatt streichen. Oberen Biskuitboden darauf legen, leicht andrücken, mit der restlichen Frischkäse-Masse bestreichen.

6. Tortenoberfläche mit den restlichen Mandarinen garnieren. Torte 3 Stunden kalt stellen. Tortenring lösen und entfernen.

Cocktail-Torte

(16 Stück)

Mit Alkohol

Zubereitungszeit: 50 Minuten, ohne Kühlzeit
Backzeit: etwa 20 Minuten

Zum Vorbereiten:

1 Dose	Fruchtcocktail (Abtropfgewicht 500 g)

Für den Biskuitteig:

2	Eier (Größe M)
1–2 EL	heißes Wasser
50 g	Zucker
1 Pck.	Dr. Oetker Vanillin-Zucker
75 g	Weizenmehl
1 gestr. TL	Dr. Oetker Backin

Für die Füllung:

500 g	Speisequark (Magerstufe)
150 g	fettarmer Joghurt (1,5 % Fett)
175 g	Zucker
1 Pck.	Dr. Oetker Vanillin-Zucker
200 ml	Sekt, z. B. Deinhard Cabinet
1 Beutel	aus 1 Pck. Götterspeise Zitronen-Geschmack
6 EL	Wasser
2 Blatt	weiße Gelatine

Für den Belag:

1 Pck.	Tortenguss, rot
2 gestr. EL	Zucker
125 ml (1/8 l)	Fruchtsaft aus der Dose
125 ml (1/8 l)	Wasser

Pro Stück:

Eiweiß:	7,2 g
Fett:	1,1 g
Kohlenhydrate:	26,3 g
kJ:	647
kcal:	154

1. Zum Vorbereiten Fruchtcocktail in einem Sieb abtropfen lassen, den Saft dabei auffangen und 125 ml (1/8 l) davon abmessen.

2. Für den Teig Eier und Wasser mit Handrührgerät mit Rührbesen auf höchster Stufe in 1 Minute schaumig schlagen. Zucker mit Vanillin-Zucker mischen, in 1 Minute einstreuen, dann noch etwa 2 Minuten schlagen.

3. Mehl mit Backin mischen, auf die Eiercreme sieben und kurz auf niedrigster Stufe unterrühren. Den Teig in eine Springform (Ø 26 cm, mit Backpapier belegt) geben und glatt streichen. Die Form auf dem Rost in den Backofen schieben.

Ober-/Unterhitze:
etwa 180 °C (vorgeheizt, untere Einschubleiste)
Heißluft: etwa 160 °C (vorgeheizt)
Gas: Stufe 2–3 (vorgeheizt, untere Einschubleiste)
Backzeit: etwa 20 Minuten.

4. Boden aus der Form lösen, auf einen mit Backpapier belegten Kuchenrost stürzen, erkalten lassen. Backpapier abziehen, Boden auf eine Tortenplatte legen, einen Tortenring darumstellen.

5. Für die Füllung Quark mit Joghurt, Zucker, Vanillin-Zucker und Sekt glatt rühren. Götterspeise mit nur 6 Esslöffeln kaltem Wasser (ohne Zucker!) nach Packungsanleitung zubereiten. Zuerst 4 Esslöffel der Quarkmasse unter die Götterspeise rühren, dann mit der restlichen Quarkmasse verrühren. Gelatine nach Packungsanleitung einweichen, in einem kleinen Topf unter Rühren erwärmen (nicht kochen), bis sie völlig gelöst ist, leicht abkühlen lassen. Gelatine unter die etwas dicklich gewordene Quarkmasse rühren, auf den Biskuitboden geben und glatt streichen. Die Torte etwa 2 Stunden kalt stellen.

6. Für den Belag Fruchtcocktail auf der Quarkmasse verteilen. Einen Guss aus Tortengusspulver, Zucker, Saft und Wasser nach Packungsanleitung zubereiten. Den Guss auf dem Fruchtcocktail verteilen. Torte 4 Stunden kalt stellen, Tortenring entfernen.

Mohn-Kirsch-Torte

(16 Stück)

Einfach – mit Alkohol

Zubereitungszeit: 45 Minuten, ohne Abkühlzeit
Backzeit: etwa 25 Minuten

Für den Biskuitteig:

4	Eier (Größe M)
2 EL	heißes Wasser
80 g	Zucker
125 g	Weizenmehl
2 gestr. TL	Dr. Oetker Backin
100 g	Mohnsamen

Für die Füllung:

1 Glas	Sauerkirschen (Abtropfgewicht 350 g)
1 Pck.	Tortenguss, rot
250 ml (1/4 l)	Sauerkirschsaft (aus dem Glas)
25 g	Zucker

Zum Tränken:

4 EL	Kirschwasser
6 EL	Sauerkirschsaft (aus dem Glas)

Für die Joghurtcreme:

8 Blatt	weiße Gelatine
500 g	fettarmer Naturjoghurt (1,5 % Fett)
1–2 EL	Zitronensaft
100 g	Zucker
200 ml	Schlagsahne
10 g	geschabte Schokolade

Pro Stück:

Eiweiß:	6,5 g
Fett:	9,1 g
Kohlenhydrate:	28,0 g
kJ:	965
kcal:	230

1. Für den Teig Eier und Wasser mit Handrührgerät mit Rührbesen auf höchster Stufe in 1 Minute schaumig schlagen. Zucker in 1 Minute einstreuen, dann noch etwa 2 Minuten schlagen.

2. Mehl mit Backin mischen, die Hälfte davon auf die Eiercreme sieben, kurz auf niedrigster Stufe unterrühren. Restliches Mehlgemisch auf die gleiche Weise unterarbeiten. Mohn unterheben. Den Teig in eine Springform (Ø 26 cm, mit Backpapier belegt) geben und glatt streichen. Die Form auf dem Rost in den Backofen schieben.

Ober-/Unterhitze: etwa 180 °C (vorgeheizt)
Heißluft: etwa 160 °C (vorgeheizt)
Gas: Stufe 2–3 (vorgeheizt)
Backzeit: etwa 25 Minuten.

3. Den Biskuitboden aus der Form lösen und auf einen mit Backpapier belegten Kuchenrost stürzen, mitgebackenes Backpapier abziehen. Biskuitboden erkalten lassen, einmal waagerecht durchschneiden.

4. Für die Füllung Sauerkirschen in einem Sieb abtropfen lassen, den Saft dabei auffangen und 250 ml (1/4 l) davon abmessen, evtl. mit Wasser auffüllen. 16 Sauerkirschen zum Garnieren und 6 Esslöffel Sauerkirschsaft zum Tränken beiseite stellen.

5. Tortengusspulver mit Sauerkirschsaft und Zucker nach Packungsanleitung zubereiten, Sauerkirschen unterrühren, Kirschmasse erkalten lassen.

6. Den unteren Biskuitboden auf eine Platte legen. Einen Tortenring darumstellen. Kirschwasser mit dem beiseite gestellten Sauerkirschsaft verrühren. Den unteren Biskuitboden mit der Hälfte der Kirschwasserflüssigkeit beträufeln. Kirschmasse darauf geben und glatt streichen, dabei etwa 1 cm Rand frei lassen.

7. Für die Joghurtcreme Gelatine in kaltem Wasser nach Packungsanleitung einweichen. Joghurt mit Zitronensaft und Zucker

(Fortsetzung Seite 50)

verrühren. Gelatine in einem kleinen Topf unter Rühren erwärmen (nicht kochen), bis sie völlig gelöst ist, leicht abkühlen lassen. Etwa 4 Esslöffel der Joghurtmasse mit der Gelatine verrühren, dann mit der restlichen Joghurtmasse verrühren, kalt stellen.

8. Sahne steif schlagen. Wenn die Joghurtmasse anfängt dicklich zu werden, Sahne unterheben. Die Hälfte der Joghurt-Sahne-Creme auf der Kirschmasse verteilen. Oberen Boden darauf legen, leicht andrücken, mit der restlichen Kirschwasserflüssigkeit beträufeln. Restliche Joghurt-Sahne-Creme darauf glatt streichen. Tortenoberfläche mit den beiseite gestellten Sauerkirschen und der Schokolade garnieren, Torte 3 Stunden kalt stellen.

Amerikanische Käsetorte

(16 Stück) **Beliebt**

Zubereitungszeit: 40 Minuten, ohne Abkühlzeit
Backzeit: etwa 70 Minuten

Für den Boden:

125 g	Löffelbiskuits
60 g	zerlassene abgekühlte Butter

Für den Belag:

250 g	Speisequark (Magerstufe)
400 g	Frischkäse (40 % Fett)
5	Eigelb (Größe M)
2 Becher (je 150 g)	saure Sahne (10 % Fett)
2 EL	Speisestärke
125 g	Zucker
3 EL	Zitronensaft
1 Pck.	Dr. Oetker Finesse Geriebene Zitronenschale
5	Eiweiß (Größe M)

Pro Stück:

Eiweiß:	8,7 g
Fett:	11,0 g
Kohlenhydrate:	17,2 g
kJ:	850
kcal:	203

1. Für den Boden Löffelbiskuits in einen Gefrierbeutel geben, Beutel verschließen. Löffelbiskuits mit einer Teigrolle zerbröseln und in eine Schüssel geben. Butter zu den Löffelbiskuitbröseln geben und gut verrühren.

2. Die Biskuitbröselmasse in eine Springform (Ø 26 cm) geben und mit Hilfe eines Esslöffels zu einem flachen Boden andrücken.

3. Für den Belag Quark, Frischkäse, Eigelb, saure Sahne, Speisestärke, Zucker, Zitronensaft und Zitronenschale in eine Rührschüssel geben und gut verrühren. Eiweiß steif schlagen und vorsichtig unterheben.

4. Die Masse auf den Biskuitbröselboden geben und glatt streichen. Die Form auf dem Rost in den Backofen schieben.

Ober-/Unterhitze: etwa 160 °C (vorgeheizt)
Heißluft: etwa 140 °C (nicht vorgeheizt)
Gas: Stufe 1–2 (nicht vorgeheizt)
Backzeit: etwa 70 Minuten.

5. Die Form auf einen Kuchenrost stellen. Die Torte etwas abkühlen lassen, dann aus der Form lösen und auf eine Tortenplatte legen. Torte erkalten lassen.

Caribic-Torte

(16 Stück)

Für Gäste – fruchtig

Zubereitungszeit: etwa 30 Minuten, ohne Kühlzeit
Backzeit: etwa 15 Minuten

Für den Biskuitteig:

2	Eier (Größe M)
50 g	Zucker
1 Pck.	Dr. Oetker Vanillin-Zucker
50 g	Weizenmehl
1 EL	Speisestärke
1 gestr. TL	Dr. Oetker Backin

Für die Füllung:

1 Dose	Ananasraspel (Abtropfgewicht 278 g)
10 Blatt	weiße Gelatine
500 g	fettarme Dickmilch (1,5 % Fett)
250 ml (1/4 l)	Maracujanektar
100 g	Zucker
1 Pck.	Dr. Oetker Vanillin-Zucker
	Zitronenmelisseblättchen

Pro Stück:

Eiweiß:	3,5 g
Fett:	1,3 g
Kohlenhydrate:	20,4 g
kJ:	458
kcal:	109

1. Für den Teig Eier mit Handrührgerät mit Rührbesen auf höchster Stufe in 1 Minute schaumig schlagen. Zucker und Vanillin-Zucker mischen, in 1 Minute einstreuen, dann noch etwa 2 Minuten schlagen.

2. Mehl mit Speisestärke und Backin mischen, auf die Eiercreme sieben, kurz auf niedrigster Stufe unterrühren. Den Teig in eine Springform (Ø 24 cm, mit Backpapier belegt) geben und glatt streichen. Die Form auf dem Rost in den Backofen schieben.

Ober-/Unterhitze: etwa 180 °C (vorgeheizt, unteres Drittel)
Heißluft: etwa 160 °C (vorgeheizt)
Gas: Stufe 2–3 (vorgeheizt, unteres Drittel)
Backzeit: etwa 15 Minuten.

3. Den Biskuitboden aus der Form lösen und auf einen mit Backpapier belegten Kuchenrost stürzen, Biskuitboden erkalten lassen. Backpapier vorsichtig abziehen, Biskuitboden auf eine Tortenplatte legen und einen Tortenring eng darumstellen.

4. Für die Füllung Ananasraspel in einem Sieb gut abtropfen lassen. Gelatine in kaltem Wasser nach Packungsanleitung einweichen. Dickmilch, Nektar, Zucker und Vanillin-Zucker gut verrühren. Gelatine in einem kleinen Topf unter Rühren erwärmen (nicht kochen), bis sie völlig gelöst ist, leicht abkühlen lassen.

5. Gelatine mit etwa 4 Esslöffeln der Dickmilchmasse verrühren, dann mit der restlichen Dickmilchmasse verrühren. Ananasraspel unterrühren. Die Creme auf den Biskuitboden geben und glatt streichen. Die Torte mindestens 2 Stunden kalt stellen. Tortenring lösen und entfernen.

6. Die Torte vor dem Servieren mit Zitronenmelisseblättchen garnieren.

Tipp: Wenn Sie keine Ananasraspel bekommen, können Sie gut abgetropfte Ananasscheiben auch in einer Küchenmaschine raspeln.

Marmorierte Erdbeer-Johannisbeer-Torte (16 Stück)

Fruchtig

(Titelfoto)

Zubereitungszeit: 50 Minuten, ohne Kühlzeit
Backzeit: etwa 25 Minuten

Für den Biskuitteig:

2	Eier (Größe M)
2 EL	heißes Wasser
80 g	Zucker
1 Pck.	Dr. Oetker Vanillin-Zucker
50 g	Weizenmehl
30 g	Speisestärke
15 g	Kakaopulver (ungezuckert)
1 gestr. TL	Dr. Oetker Backin

Für die Joghurtcreme:

7 Blatt	weiße Gelatine
500 g	Magermilchjoghurt
5 EL (100 g)	Zucker
100 ml	Orangensaft
200 ml	Schlagsahne

Für das Fruchtpüree:

3 Blatt	weiße Gelatine
300 g	vorbereitete Johannisbeeren
2 Pck.	Dr. Oetker Vanillin-Zucker
1 EL	Zucker
1/2 Tafel (50 g)	Zartbitterschokolade
300 g	abgespülte, trockengetupfte Erdbeeren

Pro Stück:

Eiweiß:	4,4 g
Fett:	6,2 g
Kohlenhydrate:	24,0 g
kJ:	722
kcal:	172

1. Für den Teig Eier und Wasser mit Handrührgerät mit Rührbesen auf höchster Stufe in 1 Minute schaumig schlagen. Zucker und Vanillin-Zucker mischen, in 1 Minute einstreuen, dann noch etwa 2 Minuten schlagen.

2. Mehl mit Speisestärke, Kakao und Backin mischen, die Hälfte davon auf die Eiercreme sieben, kurz auf niedrigster Stufe unterrühren. Restliches Mehlgemisch auf die gleiche Weise unterarbeiten. Den Teig in eine Springform (Ø 26 cm, mit Backpapier belegt) füllen und glatt streichen. Die Form auf dem Rost in den Backofen schieben.

Ober-/Unterhitze: etwa 180 °C (vorgeheizt)
Heißluft: etwa 160 °C (vorgeheizt)
Gas: Stufe 2–3 (vorgeheizt)
Backzeit: etwa 25 Minuten.

3. Boden lösen, auf einen mit Backpapier belegten Kuchenrost stürzen. Mitgebackenes Backpapier abziehen. Boden erkalten lassen, auf eine Platte legen. Tortenring darumstellen.

4. Für die Joghurtcreme Gelatine nach Packungsanleitung einweichen, leicht ausdrücken. Ausgedrückte Gelatine unter Rühren erwärmen (nicht kochen), bis sie völlig gelöst ist. Joghurt mit Zucker und Orangensaft verrühren. Gelatine mit 2–3 Esslöffeln der Joghurtmasse verrühren, dann mit der restlichen Joghurtmasse verrühren, kalt stellen. Sahne steif schlagen. Sobald die Masse anfängt dicklich zu werden, Sahne unterheben.

5. Für das Fruchtpüree Gelatine nach Packungsanleitung einweichen. Johannisbeeren pürieren, durch ein Sieb streichen, mit Vanillin-Zucker und Zucker verrühren. Gelatine, wie unter Punkt 4 beschrieben, auflösen. Gelatine mit 3 Esslöffeln des Pürees verrühren, dann mit dem restlichen Püree verrühren, kalt stellen.

6. Die Joghurtcreme auf dem Biskuitboden verteilen. Fruchtpüree in Klecksen darauf geben, mit einer Gabel spiralförmig durchziehen. Torte 4 Stunden kalt stellen. Tortenring entfernen.

(Fortsetzung Seite 56)

7. Schokolade in Stücke brechen, in einem kleinen Topf im Wasserbad schmelzen. Erdbeeren an den grünen Stielansätzen fassen, jeweils mit der Spitze in die Schokolade tauchen, auf Backpapier legen. Schokolade fest werden lassen. Die Torte mit den Erdbeeren garnieren.

Stachelbeertorte mit Mandel-Baiserhaube (12 Stück)

Preiswert

Zubereitungszeit: 30 Minuten, ohne Abkühlzeit
Backzeit: etwa 40 Minuten

Zum Vorbereiten:

1 Glas	Stachelbeeren (Abtropfgewicht 360 g)

Für den All-in-Teig:

200 g	Weizenmehl
25 g	Speisestärke
4 gestr. TL	Dr. Oetker Backin
100 g	Zucker
1 Pck.	Dr. Oetker Vanillin-Zucker
3	Eigelb (Größe M)
2	Eier (Größe M)
150 g	fettarmer Naturjoghurt (1,5 % Fett)

Für das Baiser:

3	Eiweiß (Größe M)
60 g	Zucker
1 EL	abgezogene, gehobelte Mandeln

Pro Stück:

Eiweiß:	5,6 g
Fett:	3,7 g
Kohlenhydrate:	33,8 g
kJ:	806
kcal:	192

1. Zum Vorbereiten Stachelbeeren in einem Sieb gut abtropfen lassen.

2. Für den Teig Mehl mit Speisestärke und Backin mischen, in eine Rührschüssel sieben. Restliche Zutaten hinzufügen und mit Handrührgerät mit Rührbesen auf höchster Stufe in etwa 2 Minuten zu einem glatten Teig verarbeiten. Den Teig in eine Springform (Ø 26 cm, mit Backpapier belegt) geben und glatt streichen. Stachelbeeren darauf verteilen. Die Form auf dem Rost in den Backofen schieben.

Ober-/Unterhitze: etwa 180 °C (vorgeheizt)
Heißluft: etwa 160 °C (vorgeheizt)
Gas: Stufe 2–3 (vorgeheizt)
Backzeit: etwa 30 Minuten.

3. Die Form auf einen Kuchenrost stellen, die Torte etwas abkühlen lassen. Für das Baiser Eiweiß mit Handrührgerät mit Rührbesen auf höchster Stufe steif schlagen. Der Schnee muss so fest sein, dass ein Messerschnitt sichtbar bleibt, Zucker nach und nach kurz unterschlagen. Die Baisermasse in einen Spritzbeutel mit Sterntülle geben und Tuffs auf die Tortenoberfläche spritzen.

4. Mandeln darauf streuen. Die Form wieder auf dem Rost in den Backofen schieben und die Baisermasse **bei gleicher Backofeneinstellung etwa 10 Minuten** überbacken.

5. Die Torte aus der Form lösen und auf einem Kuchenrost erkalten lassen.

Rosa-Birnen-Apfel-Torte

(12 Stück)

Dauert etwas länger

Zubereitungszeit: etwa 55 Minuten, ohne Kühlzeit
Backzeit: etwa 15 Minuten

Für den All-in-Teig:

100 g	Weizenmehl
2 gestr. TL	Dr. Oetker Backin
50 g	Zucker
1 Pck.	Dr. Oetker Vanillin-Zucker
3	Eier (Größe M)
2 EL	Speiseöl
1 Pck.	Dr. Oetker Finesse Geriebene Zitronenschale

Zum Bestreichen:

2 EL	Aprikosenkonfitüre
2 EL	Zitronensaft

Für den Belag:

3	Birnen (etwa 500 g)
2	kleine Äpfel (etwa 350 g)
250 ml (1/4 l)	Apfelsaft
2 EL	Instant-Getränkepulver mit Kirsch- oder Himbeer-Geschmack, z. B. Quenchpulver
2 EL	Zitronensaft
30 g	Zucker
6 Blatt	weiße Gelatine
300 g	fettarmer Naturjoghurt (1,5 % Fett)

1. Für den Teig Mehl mit Backin mischen und in eine Rührschüssel sieben. Restliche Zutaten hinzufügen und mit Handrührgerät mit Rührbesen auf höchster Stufe in 2 Minuten zu einem glatten Teig verarbeiten. Den Teig in eine Springform (Ø 26 cm, mit Backpapier belegt) geben und glatt streichen. Die Form auf dem Rost in den Backofen schieben.

Ober-/Unterhitze: etwa 180 °C (vorgeheizt)
Heißluft: etwa 160 °C (vorgeheizt)
Gas: Stufe 2–3 (vorgeheizt)
Backzeit: etwa 15 Minuten.

2. Den Gebäckboden aus der Form lösen und auf einen mit Backpapier belegten Kuchenrost stürzen, mitgebackenes Backpapier abziehen. Gebäckboden erkalten lassen und auf eine Tortenplatte legen. Die Oberfläche mit einem Holzstäbchen mehrmals einstechen. Einen Tortenring um den Boden stellen.

3. Zum Bestreichen Konfitüre durch ein Sieb streichen, mit Zitronensaft verrühren und auf den Gebäckboden streichen.

4. Für den Belag Birnen und Äpfel schälen, vierteln, entkernen, achteln. Apfelsaft, Getränkepulver, Zitronensaft und Zucker in einem Topf verrühren, unter Rühren zum Kochen bringen. Apfel- und Birnenstücke hineingeben, 5 Minuten leicht kochen lassen.

5. Gelatine in kaltem Wasser nach Packungsanleitung einweichen. Die Birnen-Apfel-Masse abtropfen lassen, den Saft dabei auffangen. Gelatine leicht ausdrücken, sofort in den heißen, aufgefangenen Saft geben, unter Rühren auflösen, erkalten lassen.

6. Die Apfel- und Birnenstücke auf dem Gebäckboden verteilen, dabei etwa 1 cm Rand frei lassen. Wenn der Gelatine-Fruchtsaft anfängt dicklich zu werden, Joghurt unterrühren. Die Masse auf dem Obst verteilen. Die Torte etwa 3 Stunden kalt stellen. Tortenring entfernen.

Pro Stück:	
Eiweiß:	4,7 g
Fett:	3,9 g
Kohlenhydrate:	30,2 g
kJ:	738
kcal:	176

Himbeer-Grieß-Torte

(16 Stück)

Dauert etwas länger – raffiniert

Zubereitungszeit: 45 Minuten, ohne Kühlzeit
Backzeit: etwa 20 Minuten

Für den Rührteig:

40 g	weiche Halbfettbutter (39 % Fett)
75 g	gesiebter Puderzucker
1 Pck.	Dr. Oetker Vanillin-Zucker
2	Eier (Größe M)
100 g	Weizenmehl
2 gestr. TL	Dr. Oetker Backin
20 g	Kakaopulver (ungezuckert)
3 EL	Milch

Zum Bestreichen:

2 EL	Himbeerkonfitüre

Für den Belag:

2 Pck.	Dr. Oetker Süße Mahlzeit, Grießbrei nach klassischer Art
600 ml	fettarme Milch (1,5 % Fett)
150 g	fettarmer Naturjoghurt (1,5 % Fett)
500 g	Himbeeren

Für den Guss:

1 Pck.	Tortenguss, rot
2 EL	Zucker
100 ml	Saft, z. B. heller Traubensaft
150 ml	Wasser

Pro Stück:

Eiweiß:	4,5 g
Fett:	3,1 g
Kohlenhydrate:	29,3 g
kJ:	696
kcal:	65

1. Für den Teig Halbfettbutter mit Handrührgerät mit Rührbesen auf höchster Stufe geschmeidig rühren. Nach und nach Puderzucker und Vanillin-Zucker unterrühren. So lange rühren, bis eine gebundene Masse entstanden ist.

2. Eier nach und nach unterrühren (jedes Ei etwa 1/2 Minute). Mehl mit Backin und Kakao mischen, sieben, in 2 Portionen auf mittlerer Stufe unterrühren.

3. Den Teig in eine Springform (Ø 26 cm, mit Backpapier belegt) geben und glatt streichen. Die Form auf dem Rost in den Backofen schieben.

Ober-/Unterhitze: etwa 180 °C (vorgeheizt, unteres Drittel)
Heißluft: etwa 160 °C (vorgeheizt)
Gas: Stufe 2–3 (vorgeheizt, unteres Drittel)
Backzeit: etwa 20 Minuten.

4. Den Gebäckboden aus der Form lösen und auf einen Kuchenrost stürzen. Gebäckboden erkalten lassen, dann mitgebackenes Backpapier abziehen.

5. Gebäckboden auf eine Tortenplatte legen, einen Tortenring darumstellen. Gebäckboden mit Konfitüre bestreichen.

6. Für den Belag 2 Päckchen Grießbrei nach Packungsanleitung, aber statt mit 1 l Milch nur mit 600 ml Milch zubereiten. Grießbrei etwa 5 Minuten stehen lassen, dann Joghurt mit einem Schneebesen unterrühren. Die Grießmasse auf den Gebäckboden geben und glatt streichen. Den Kuchen mindestens 2 Stunden kalt stellen.

7. Himbeeren verlesen und auf der Grießmasse verteilen.

8. Für den Guss aus Tortengusspulver, Zucker, Traubensaft und Wasser nach Packungsanleitung einen Guss zubereiten, mit Hilfe eines Esslöffels auf den Himbeeren verteilen. Die Torte etwa 1 Stunde kalt stellen. Tortenring lösen und entfernen.

Biskuittorte mit Erdbeer-Kokos-Quark (16 Stück)

Fruchtig

Zubereitungszeit: 50 Minuten, ohne Kühlzeit
Backzeit: etwa 30 Minuten

Für den Biskuitteig:

4	Eier (Größe M)
4 EL	heißes Wasser
125 g	Zucker
1 Pck.	Dr. Oetker Vanillin-Zucker
100 g	Weizenmehl
50 g	Speisestärke
1 gestr. TL	Dr. Oetker Backin
30 g	Kokosraspel

Für die Füllung:

6 Blatt	weiße Gelatine
30 g	Kokosraspel
500 g	Quarkzubereitung (mit 0,2 % Fett)
75 g	Zucker
Saft	von 1 Zitrone
750 g	Erdbeeren
200 ml	Schlagsahne

Zum Bestreichen:

5 EL	Erdbeerkonfitüre
2 EL	Wasser

Pro Stück:

Eiweiß:	6,1 g
Fett:	8,2 g
Kohlenhydrate:	34,3 g
kJ:	996
kcal:	237

1. Für den Teig aus den angegebenen Zutaten wie auf Seite 54 beschrieben einen Biskuitteig zubereiten. Zuletzt Kokosraspel unterheben. Den Teig in eine Springform (Ø 26 cm, mit Backpapier belegt) füllen und glatt streichen. Die Form auf dem Rost in den Backofen schieben.

Ober-/Unterhitze: etwa 180 °C (vorgeheizt)
Heißluft: etwa 160 °C (vorgeheizt)
Gas: Stufe 2–3 (vorgeheizt)
Backzeit: etwa 30 Minuten.

2. Den Biskuitboden aus der Form lösen, auf einen mit Backpapier belegten Kuchenrost stürzen. Mitgebackenes Backpapier abziehen. Boden erkalten lassen, zweimal waagerecht durchschneiden.

3. Für die Füllung Gelatine nach Packungsanleitung einweichen. Kokosraspel in einer Pfanne ohne Fett goldbraun rösten, erkalten lassen. Quarkzubereitung mit Zucker, Zitronensaft und Kokosraspeln verrühren. Ausgedrückte Gelatine unter Rühren erwärmen (nicht kochen), bis sie völlig gelöst ist. Gelatine mit 2 Esslöffeln der Quarkmasse verrühren, dann mit der restlichen Quarkmasse verrühren, kurz kalt stellen.

4. Erdbeeren waschen, abtropfen lassen, entstielen (etwa 16 Erdbeeren beiseite legen), große Erdbeeren evtl. halbieren. Den unteren Biskuitboden auf eine Platte legen. Tortenring darumstellen. Erdbeeren auf dem Boden verteilen, dabei etwa 1 cm Rand frei lassen.

5. Sahne steif schlagen. Sobald die Quarkmasse anfängt dicklich zu werden, Sahne unterheben. Die Hälfte der Creme auf den Erdbeeren glatt streichen. Mittleren Boden darauf legen, leicht andrücken. Restliche Creme darauf verteilen. Mit dem oberen Boden belegen. Torte mindestens 3 Stunden kalt stellen.

6. Zum Bestreichen Konfitüre mit Wasser verrühren, unter Rühren etwas einkochen lassen. Tortenoberfläche mit etwas Konfitüre bestreichen, mit den beiseite gelegten Erdbeeren garnieren, mit der restlichen Konfitüre bestreichen. Tortenring entfernen.

Pfirsich-Streifen-Kuchen

(20 Stück)

Raffiniert – für Gäste

Zubereitungszeit: 90 Minuten, ohne Abkühl- und Ruhezeit
Backzeit: etwa 25 Minuten

Zum Vorbereiten für die Creme und den Belag:

2 Pck.	Dr. Oetker Gala Pudding-Pulver Bourbon-Vanille
80 g	Zucker
700 ml	fettarme Milch (1,5 % Fett)
150 g	Crème légère
1 Dose	Pfirsichhälften (Abtropfgewicht 480 g)

Für den Hefeteig:

375 g	Weizenmehl
1 Pck.	Dr. Oetker Hefeteig Garant
50 g	Zucker
1 Pck.	Dr. Oetker Vanillin-Zucker
1 Prise	Salz
3 Tropfen	Bittermandel-Aroma
180 ml	fettarme Milch (1,5 % Fett)
75 g	weiche Halbfettmargarine (24 % Fett)

Für die Creme:

1 EL	fettarme Milch (1,5 % Fett)
2 EL	gesiebtes Kakaopulver (ungezuckert)

Zum Aprikotieren:

4 EL	Aprikosenkonfitüre
2 EL	Wasser

Pro Stück:

Eiweiß:	4,4 g
Fett:	4,1 g
Kohlenhydrate:	34,9 g
kJ:	824
kcal:	197

1. Zum Vorbereiten einen Pudding aus Pudding-Pulver, Zucker und Milch nach Packungsanleitung (aber mit den hier angegebenen Zutaten) zubereiten, Crème légère unterrühren. Puddingcreme in eine Rührschüssel geben und sofort mit Frischhaltefolie belegen, erkalten lassen. Pfirsichhälften in einem Sieb abtropfen lassen und in Spalten schneiden.

2. Für den Teig Mehl in eine Rührschüssel sieben und sorgfältig mit Hefeteig Garant vermischen. Zucker, Vanillin-Zucker, Salz, Aroma, Milch und Margarine hinzufügen. Die Zutaten mit Handrührgerät mit Knethaken zunächst kurz auf niedrigster, dann auf höchster Stufe in etwa 2 Minuten zu einem glatten Teig verarbeiten.

3. Den Teig aus der Schüssel nehmen, auf einer leicht bemehlten Arbeitsfläche nochmals kurz durchkneten, zu einer Rolle formen und auf einem Backblech (30 x 40 cm, gefettet) ausrollen.

4. Die vorbereitete Puddingcreme mit Handrührgerät mit Rührbesen cremig rühren. Creme halbieren, eine Cremehälfte in einen Spritzbeutel mit Lochtülle (Ø 8 mm) füllen und in gleichmäßigen Abständen von etwa 2 cm Streifen auf den Hefeteigboden spritzen. Restliche Puddingcreme mit Milch und Kakao verrühren, ebenfalls in einen Spritzbeutel mit Lochtülle (Ø 8 mm) füllen und in die Zwischenräume spritzen.

5. Pfirsichspalten auf der Creme verteilen, etwa 15 Minuten ruhen lassen. Das Backblech in den Backofen schieben.

Ober-/Unterhitze: etwa 180 °C (vorgeheizt, unteres Drittel)
Heißluft: etwa 160 °C (vorgeheizt)
Gas: Stufe 2–3 (vorgeheizt, unteres Drittel)
Backzeit: etwa 25 Minuten.

6. Das Backblech auf einen Kuchenrost stellen. Zum Aprikotieren Konfitüre durch ein Sieb streichen, mit Wasser unter Rühren etwas einkochen lassen. Den Kuchen sofort damit bestreichen und erkalten lassen.

Apfel-Walnuss-Kranz

(16 Stück)

Preiswert

Zubereitungszeit: 40 Minuten, ohne Abkühlzeit
Backzeit: etwa 45 Minuten

Zum Vorbereiten für die Füllung:

750 g	säuerliche Äpfel (z. B. Boskop)
	Schale und Saft von 1 Bio-Zitrone (unbehandelt, ungewachst)
50 g	Walnusskerne
3–4 Tropfen	Bittermandel-Aroma

Für den Quark-Öl-Teig:

300 g	Weizenmehl
3 gestr. TL	Dr. Oetker Backin
125 g	Speisequark (Magerstufe)
75 ml	fettarme Milch (1,5 % Fett)
75 ml	Speiseöl, z. B. Sonnenblumenöl
100 g	Zucker
1 Pck.	Dr. Oetker Vanillin-Zucker
1 Prise	Salz

Für den Guss:

75 g	gesiebter Puderzucker
1–2 EL	Zitronensaft

1. Zum Vorbereiten Äpfel schälen, vierteln, entkernen und klein schneiden. Apfelstückchen mit Zitronenschale und -saft mischen und in einem Topf unter Rühren leicht dünsten. Gedünstete Äpfel in einem Sieb abtropfen lassen. Walnusskerne grob hacken, zusammen mit dem Aroma unter die Apfelmasse rühren.

2. Für den Teig Mehl mit Backin mischen, in eine Rührschüssel sieben. Quark, Milch, Öl, Zucker, Vanillin-Zucker und Salz hinzufügen. Die Zutaten mit Handrührgerät mit Knethaken zunächst kurz auf niedrigster, dann auf höchster Stufe in etwa 1 Minute zu einem Teig verarbeiten (nicht zu lange, Teig klebt sonst).

3. Anschließend auf einer bemehlten Arbeitsfläche zu einer Rolle formen. Teigrolle zu einem Rechteck (etwa 30 x 40 cm) ausrollen. Die Apfel-Walnuss-Masse darauf verteilen, dabei rundherum einen etwa 5 cm breiten Rand frei lassen. Den Teig von der längeren Seite her vorsichtig aufrollen und auf einem Backblech (mit Backpapier belegt) zu einem Kranz zusammenlegen. Die Teigoberfläche mit einem scharfen Messer mehrmals einschneiden. Das Backblech in den Backofen schieben.

Ober-/Unterhitze: etwa 180 °C (vorgeheizt)
Heißluft: etwa 160 °C (nicht vorgeheizt)
Gas: Stufe 2–3 (nicht vorgeheizt)
Backzeit: etwa 45 Minuten.

4. Den Gebäckkranz mit dem Backpapier vom Backblech auf einen Kuchenrost ziehen. Den Gebäckkranz etwas abkühlen lassen.

5. Für den Guss Puderzucker mit Zitronensaft zu einer geschmeidigen Masse verrühren. Den Gebäckkranz mit dem Guss besprenkeln. Den Guss fest werden lassen.

Pro Stück:

Eiweiß:	3,8 g
Fett:	7,1 g
Kohlenhydrate:	30,9 g
kJ:	847
kcal:	202

Tipp: Anstelle des Zitronengusses können Sie den Gebäckkranz wie folgt aprikotieren: 100 g Aprikosenkonfitüre durch ein Sieb streichen, in einem kleinen Topf unter Rühren erwärmen. Den warmen Gebäckkranz damit bestreichen, erkalten lassen.
Der Gebäckkranz kann auch gut eingefroren werden, dann sollte er jedoch erst nach dem Backen mit Guss überzogen werden.

Aprikosen-Streuselkuchen

(20 Stück)

Fruchtig

Zubereitungszeit: 50 Minuten, ohne Teiggehzeit
Backzeit: etwa 30 Minuten

Für den Hefeteig:

375 g	Weizenmehl
1 Pck.	Dr. Oetker Trockenbackhefe
50 g	Zucker
1 Pck.	Dr. Oetker Vanillin-Zucker
1 Prise	Salz
1 Pck.	Dr. Oetker Finesse Geriebene Zitronenschale
1	Ei (Größe M)
25 g	zerlassene abgekühlte Halbfettbutter (39 % Fett)
150 ml	lauwarme fettarme Milch (1,5 % Fett)

Für den Belag:

2 Dosen	Aprikosenhälften (Abtropfgewicht je 480 g)
500 g	fettarmer Joghurt (1,5 % Fett)
75 g	Zucker
2	Eier (Größe M)
1 Pck.	Dr. Oetker Pudding-Pulver Vanille-Geschmack

Für die Streusel:

150 g	Weizenmehl
50 g	kernige Haferflocken
80 g	Zucker
1 Pck.	Dr. Oetker Vanillin-Zucker
80 g kalte	Halbfettbutter (39 % Fett)

Pro Stück:

Eiweiß:	6,1 g
Fett:	4,4 g
Kohlenhydrate:	43,5 g
kJ:	1007
kcal:	240

1. Für den Teig Mehl in eine Rührschüssel sieben, mit Trockenbackhefe sorgfältig vermischen. Zucker, Vanillin-Zucker, Salz, Zitronenschale, Ei, Butter und Milch hinzufügen.

2. Die Zutaten mit Handrührgerät mit Knethaken zunächst kurz auf niedrigster, dann auf höchster Stufe in etwa 5 Minuten zu einem Teig verarbeiten. Den Teig zugedeckt so lange an einem warmen Ort stehen lassen, bis er sich sichtbar vergrößert hat.

3. Für den Belag Aprikosenhälften in einem Sieb gut abtropfen lassen.

4. Den gegangenen Teig leicht mit Mehl bestäuben, aus der Schüssel nehmen, auf einer bemehlten Arbeitsfläche nochmals kurz durchkneten und auf einem Backblech (30 x 40 cm, gefettet) ausrollen. Teigboden mehrmals mit einer Gabel einstechen.

5. Joghurt mit Zucker, Eiern und Pudding-Pulver gut verrühren. Die Joghurtmasse auf den Teigboden geben und glatt streichen, dabei am Rand etwa 1 cm frei lassen. Aprikosenhälften auf der Joghurtmasse verteilen.

6. Für die Streusel Mehl in eine Rührschüssel sieben, mit Haferflocken, Zucker und Vanillin-Zucker mischen, Butter hinzufügen. Die Zutaten mit Handrührgerät mit Rührbesen zu Streuseln von gewünschter Größe verarbeiten. Die Streusel auf den Aprikosenhälften verteilen.

7. Den Teig nochmals so lange an einem warmen Ort gehen lassen, bis er sich sichtbar vergrößert hat. Das Backblech in den Backofen schieben.

Ober-/Unterhitze: etwa 180 °C (vorgeheizt)
Heißluft: etwa 160 °C (vorgeheizt)
Gas: Stufe 2–3 (vorgeheizt)
Backzeit: etwa 30 Minuten.

8. Das Backblech auf einen Kuchenrost stellen. Den Kuchen erkalten lassen.

Apfel-Birnen-Blechkuchen

(20 Stück)

Preiswert

Zubereitungszeit: 60 Minuten, ohne Teiggeh- und Abkühlzeit
Backzeit: etwa 35 Minuten

Für den Hefeteig:

375 g	Weizenmehl
1 Pck.	Dr. Oetker Trockenbackhefe
1 Prise	Salz
50 g	Zucker
1 Pck.	Dr. Oetker Finesse Geriebene Zitronenschale
200 ml	lauwarme fettarme Milch (1,5 % Fett)
40 g	zerlassene abgekühlte Butter oder Margarine

Für den Belag:

750 g	Äpfel (z. B. Cox Orange, Jonagold)
750 g	Birnen (z. B. Bürgermeister, Williams)

Zum Bestreuen:

25 g	gehackte Haselnusskerne

Zum Bestreichen:

75 g	Apfel- oder Quittengelee
1–2 EL	Wasser

1. Für den Teig Mehl in eine Rührschüssel sieben, mit Trockenbackhefe sorgfältig vermischen. Salz, Zucker, Zitronenschale, Milch und Butter oder Margarine hinzufügen.

2. Die Zutaten mit Handrührgerät mit Knethaken zunächst kurz auf niedrigster, dann auf höchster Stufe in etwa 5 Minuten zu einem Teig verarbeiten. Den Teig zugedeckt so lange an einem warmen Ort stehen lassen, bis er sich sichtbar vergrößert hat.

3. Für den Belag Äpfel und Birnen schälen, halbieren, entkernen und in Spalten schneiden. Den Teig leicht mit Mehl bestäuben, aus der Schüssel nehmen, auf einer bemehlten Arbeitsfläche kurz durchkneten und auf einem Backblech (30 x 40 cm, gefettet) ausrollen.

4. Die Apfel- und Birnenspalten dachziegelartig auf den Teig legen und leicht andrücken. Haselnusskerne darauf streuen und Teig zugedeckt nochmals so lange an einem warmen Ort gehen lassen, bis er sich sichtbar vergrößert hat. Das Backblech in den Backofen schieben.

Ober-/Unterhitze: etwa 180 °C (vorgeheizt)
Heißluft: etwa 160 °C (nicht vorgeheizt)
Gas: Stufe 2–3 (nicht vorgeheizt)
Backzeit: etwa 35 Minuten.

5. Das Backblech auf einen Kuchenrost stellen. Den Kuchen etwas abkühlen lassen.

6. Zum Bestreichen Gelee mit Wasser in einem kleinen Topf unter Rühren erwärmen. Den Kuchen damit bestreichen, erkalten lassen und in Stücke schneiden.

Pro Stück:	
Eiweiß:	2,9 g
Fett:	3,4 g
Kohlenhydrate:	26,4 g
kJ:	616
kcal:	147

Tiramisu-Rolle

(16 Stück)

Für Gäste

Zubereitungszeit: 30 Minuten, ohne Kühlzeit
Backzeit: etwa 10 Minuten

Für den Biskuitteig:

4	Eier (Größe M)
1	Eigelb (Größe M)
65 g	Zucker
1 Pck.	Dr. Oetker Vanillin-Zucker
80 g	Weizenmehl
1 Msp.	Dr. Oetker Backin
1 geh. EL	Kakaopulver (ungezuckert)
1 Portions-tütchen (2 g)	Espressopulver

Für die Füllung:

200 g	fettarmer Frischkäse (16,7 % Fett)
250 ml (1/4 l)	fettarme Milch (1,5 % Fett)
250 g	Speisequark (Magerstufe)
2 Pck.	Tiramisu (Cremepulver)
1 geh. EL	Puderzucker
2 TL	Kakaopulver (ungezuckert)

1. Für den Teig Eier und Eigelb mit Handrührgerät mit Rührbesen auf höchster Stufe in 1 Minute schaumig schlagen. Zucker und Vanillin-Zucker mischen, in 1 Minute einstreuen, dann noch etwa 2 Minuten schlagen.

2. Mehl mit Backin, Kakao und Espressopulver mischen, auf die Eiercreme sieben und kurz auf niedrigster Stufe unterrühren. Den Teig auf ein Backblech (30 x 40 cm, gefettet, mit Backpapier belegt) geben und glatt streichen. Das Backblech in den Backofen schieben.

Ober-/Unterhitze: etwa 200 °C (vorgeheizt, unteres Drittel)
Heißluft: etwa 180 °C (vorgeheizt)
Gas: Stufe 3–4 (vorgeheizt, unteres Drittel)
Backzeit: etwa 10 Minuten.

3. Biskuitplatte lösen, auf eine Arbeitsfläche stürzen und mit dem Backpapier erkalten lassen. Anschließend die Biskuitplatte mit dem Backpapier wenden, evtl. dunkle Backhaut entfernen.

4. Für die Füllung Frischkäse mit Milch und Quark in einen mit heißem Wasser ausgespülten Rührbecher geben und glatt rühren. Cremepulver hinzufügen und mit Handrührgerät mit Rührbesen zunächst kurz auf niedrigster, dann auf höchster Stufe in 3 Minuten aufschlagen.

5. Die Biskuitplatte gleichmäßig mit der Creme bestreichen, dabei an den kurzen Seiten und an der oberen langen Seite einen Rand frei lassen. Biskuitplatte von der langen Seite mit Hilfe des Backpapiers aufrollen, dabei das Backpapier gleichzeitig lösen. Biskuitrolle mindestens 1 Stunde kalt stellen.

6. Die Tiramisu-Rolle vor dem Servieren mit Puderzucker bestäuben. Anschließend Kakao in Querstreifen darauf stäuben.

Pro Stück:

Eiweiß:	6,9 g
Fett:	5,5 g
Kohlenhydrate:	17,8 g
kJ:	623
kcal:	149

Buttermilchecken

(18 Stück)

Für Kinder

Zubereitungszeit: 60 Minuten, ohne Kühlzeit
Backzeit: etwa 15 Minuten

Für den Biskuitteig:

4	Eier (Größe M)
3–4 EL	heißes Wasser
75 g	Zucker
1 Pck.	Dr. Oetker Vanillin-Zucker
1 Pck.	Dr. Oetker Finesse Orangenfrucht
100 g	Weizenmehl
25 g	Speisestärke
1 gestr. TL	Dr. Oetker Backin

Für den Belag:

10 Blatt	weiße Gelatine
500 g	Speisequark (Magerstufe)
500 ml (1/2 l)	Orangen-Buttermilch-Getränk
2 Pck.	Dr. Oetker Vanillin-Zucker

Zum Garnieren und Verzieren:

1 kleine Dose	Pfirsichhälften (Abtropfgewicht 230 g)
200 ml	Schlagsahne
1 Pck.	Dr. Oetker Vanillin-Zucker
1 Pck.	Dr. Oetker Sahnesteif
	Pistazienkerne nach Belieben

Pro Stück:

Eiweiß:	7,8 g
Fett:	5,1 g
Kohlenhydrate:	18,8 g
kJ:	644
kcal:	154

1. Für den Teig Eier und Wasser mit Handrührgerät mit Rührbesen auf höchster Stufe in 1 Minute schaumig schlagen. Zucker mit Vanillin-Zucker und Orangenfrucht mischen, in 1 Minute einstreuen, dann noch etwa 2 Minuten schlagen.

2. Mehl mit Speisestärke und Backin mischen, die Hälfte davon auf die Eiercreme sieben, kurz auf niedrigster Stufe unterrühren. Restliches Mehlgemisch auf die gleiche Weise unterarbeiten. Einen Backrahmen (30 x 30 cm) auf ein Backblech (gefettet, mit Backpapier belegt) stellen. Teig hineingeben und glatt streichen. Das Backblech in den Backofen schieben.

Ober-/Unterhitze: etwa 180 °C (vorgeheizt, mittlere Einschubleiste)
Heißluft: etwa 160 °C (vorgeheizt)
Gas: Stufe 2–3 (vorgeheizt, mittlere Einschubleiste)
Backzeit: etwa 15 Minuten.

3. Das Backblech auf einen Kuchenrost stellen, Biskuitboden erkalten lassen.

4. Für den Belag Gelatine nach Packungsanleitung einweichen. Quark in eine Rührschüssel geben, Buttermilch und Vanillin-Zucker unterrühren. Gelatine leicht ausdrücken, unter Rühren erwärmen (nicht kochen), bis sie völlig gelöst ist. Etwa 4 Esslöffel der Quarkmasse mit der Gelatine verrühren, dann mit der restlichen Quarkmasse verrühren. Die Masse auf dem Biskuitboden glatt streichen. 3 Stunden kalt stellen.

5. Zum Garnieren und Verzieren Pfirsichhälften in einem Sieb gut abtropfen lassen, in Spalten schneiden. Sahne mit Vanillin-Zucker und Sahnesteif steif schlagen, in einen Spritzbeutel mit Sterntülle geben.

6. Den Kuchen in 9 Stücke (10 x 10 cm) schneiden. Jedes Stück nochmals diagonal durchschneiden, so dass Dreiecke entstehen.

7. Die Buttermilchecken mit der Sahne aus dem Spritzbeutel verzieren und mit je einer Pfirsichspalte garnieren. Nach Belieben mit Pistazienkernen bestreuen.

Mandarinen-Zitronen-Rolle

(16 Stück)

Erfrischend

Zubereitungszeit: 30 Minuten, ohne Kühlzeit
Backzeit: etwa 10 Minuten

Für den Biskuitteig:

4	Eier (Größe M)
1	Eigelb (Größe M)
65 g	Zucker
1 Pck.	Dr. Oetker Vanillin-Zucker
80 g	Weizenmehl
1 Msp.	Dr. Oetker Backin

Für die Füllung:

1 große Dose	Mandarinen (Abtropfgewicht 480 g)
250 g	Speisequark (Magerstufe)
100 ml	Mandarinensaft (aus der Dose)
1 Pck.	Dr. Oetker Vanillin-Zucker
1 Pck.	Mousse Zitrone (Cremepulver)

Für den Guss:

3 EL	gesiebter Puderzucker
etwa 2 TL	Mandarinensaft (aus der Dose)

1. Für den Teig Eier und Eigelb mit Handrührgerät mit Rührbesen in 1 Minute schaumig schlagen. Zucker und Vanillin-Zucker mischen, in 1 Minute einstreuen, dann noch 2 Minuten schlagen.

2. Mehl mit Backin mischen, auf die Eiercreme sieben, kurz auf niedrigster Stufe unterrühren. Den Teig auf ein Backblech (30 x 40 cm, gefettet, mit Backpapier belegt) geben, glatt streichen. Das Backblech in den Backofen schieben.

Ober-/Unterhitze: etwa 200 °C (vorgeheizt, unteres Drittel)
Heißluft: etwa 180 °C (vorgeheizt)
Gas: Stufe 3–4 (vorgeheizt, unteres Drittel)
Backzeit: etwa 10 Minuten.

3. Die Biskuitplatte vorsichtig lösen, auf eine Arbeitsfläche stürzen, mit dem Backpapier erkalten lassen. Biskuitplatte mit dem Backpapier wenden, evtl. dunkle Backhaut entfernen.

4. Für die Füllung Mandarinen gut abtropfen lassen, Saft dabei auffangen, 100 ml für die Füllung und 2 Esslöffel für den Guss davon abmessen. 16 Mandarinen zum Garnieren beiseite legen.

5. Quark mit Saft und Vanillin-Zucker geschmeidig rühren, in einen mit heißem Wasser ausgespülten Rührbecher geben. Cremepulver hinzufügen und nach Packungsanleitung in 3 Minuten aufschlagen, Mandarinen unterheben.

6. Die Creme gleichmäßig auf der Biskuitplatte verteilen, dabei an den kurzen Seiten und an der oberen langen Seite einen Rand frei lassen. Biskuitplatte von der langen Seite her mit Hilfe des Backpapiers aufrollen, dabei das Backpapier gleichzeitig lösen.

7. Für den Guss Puderzucker und Saft zu einer dickflüssigen Masse verrühren, in einen Gefrierbeutel füllen, eine kleine Ecke abschneiden. Den Guss im Zickzack-Muster auf die Biskuitrolle spritzen. Beiseite gelegte Mandarinen darauf legen, vorsichtig in den Guss drücken. Mandarinen-Zitronen-Rolle etwa 1 Stunde kalt stellen.

Pro Stück:

Eiweiß:	5,2 g
Fett:	2,5 g
Kohlenhydrate:	22,1 g
kJ:	561
kcal:	134

Feine Apfelschnitten

(20 Stück)

Fruchtig – mit Alkohol

Zubereitungszeit: 40 Minuten, ohne Abkühlzeit
Backzeit: etwa 30 Minuten

Für den Belag:

1,2 kg	säuerliche Äpfel, z. B. Boskop
Saft	von 1 Zitrone
etwa 150 ml	Apfelsaft
1 Pck.	Dr. Oetker Pudding-Pulver Vanille-Geschmack
200 ml	trockener Weißwein
25 g	Zucker
1/2 Pck.	Dr. Oetker Finesse Geriebene Zitronenschale

Für den Streuselteig:

80 g	weiche Halbfettbutter (39 % Fett)
1/2 Pck.	Dr. Oetker Finesse Geriebene Zitronenschale
80 g	Zucker
1 Prise	Salz
1	Ei (Größe M)
200 g	Weizenmehl
80 g	Speisestärke
1 schwach geh. TL	Dr. Oetker Backin

Zum Bestreuen:

3–4 EL	Hagelzucker

1. Für den Belag Äpfel schälen, vierteln, entkernen und grob raspeln. Apfelraspel mit Zitronensaft beträufeln und in einem Sieb gut abtropfen lassen, dabei Apfelraspel leicht ausdrücken und den Saft auffangen. Den aufgefangenen Saft mit Apfelsaft auf 150 ml auffüllen.

2. Pudding-Pulver mit 6 Esslöffeln des Apfelsaftes anrühren. Restlichen Apfelsaft und Wein in einem Topf mit Zucker zum Kochen bringen. Angerührtes Pudding-Pulver unter Rühren in die von der Kochstelle genommene Apfelsaft-Wein-Flüssigkeit geben, unter Rühren gut aufkochen lassen. Sofort Apelraspel und Zitronenschale unterheben. Pudding-Apfel-Masse beiseite stellen.

3. Für den Teig Halbfettbutter mit Handrührgerät mit Rührbesen auf höchster Stufe geschmeidig rühren. Zitronenschale, Zucker und Salz hinzugeben. Ei in etwa 1/2 Minute unterrühren. Mehl mit Speisestärke und Backin mischen, sieben und in 2 Portionen auf mittlerer Stufe unterrühren, so dass Streusel entstehen.

4. Die Streusel auf ein Backblech (30 x 40 cm, gefettet) geben und gut andrücken. Vor den Teig (an der offenen Seite) einen mehrfach geknickten Streifen Alufolie als Rand legen oder einen Backrahmen darumstellen. Beiseite gestellte Pudding-Apfel-Masse auf dem Teig verteilen. Das Backblech in den Backofen schieben.

Ober-/Unterhitze: etwa 180 °C (vorgeheizt)
Heißluft: etwa 160 °C (vorgeheizt)
Gas: Stufe 2–3 (vorgeheizt)
Backzeit: etwa 30 Minuten.

5. Das Backblech auf einen Kuchenrost stellen. Den Kuchen erkalten lassen. Alufolie oder Backrahmen entfernen. Den Kuchen mit Hagelzucker bestreuen und in Schnitten schneiden.

Pro Stück:

Eiweiß:	1,8 g
Fett:	2,6 g
Kohlenhydrate:	26,6 g
kJ:	605
kcal:	145

Pfirsich-Joghurt-Schnitten

(14 Stück)

Fruchtig – für Gäste

Zubereitungszeit: 45 Minuten, ohne Kühlzeit
Backzeit: etwa 30 Minuten

Zum Vorbereiten:

1 Dose	Pfirsichhälften (Abtropfgewicht 480 g)

Für den All-in-Teig:

250 g	Weizenmehl
1 Pck.	Dr. Oetker Backin
250 g	Zucker
1 Pck.	Dr. Oetker Vanillin-Zucker
3	Eier (Größe M)
250 ml (1/4 l)	Buttermilch

Zum Bestreichen und Bestreuen:

2 EL	Aprikosenkonfitüre
1 EL	Wasser
10 g	gehackte Pistazienkerne

Für die Füllung:

6 Blatt	weiße Gelatine
250 g	Schichtkäse (20 % Fett)
500 g	fettarmer Joghurt, Pfirsich-Maracuja-Geschmack (1,5 % Fett)
50 g	gesiebter Puderzucker
1 EL	Zitronensaft

Pro Stück:

Eiweiß:	8,4 g
Fett:	3,3 g
Kohlenhydrate:	50,2 g
kJ:	1114
kcal:	266

1. Zum Vorbereiten Pfirsichhälften gut abtropfen lassen. Die Hälfte der Pfirsichhälften in dünne Spalten (etwa 3 mm) schneiden. Restliche Pfirsichhälften klein würfeln, beiseite stellen.

2. Für den Teig aus den angegebenen Zutaten wie auf Seite 58 beschrieben einen All-in-Teig zubereiten. Den Teig auf einem Backblech (30 x 40 cm, gefettet, mit Backpapier belegt) glatt streichen. Die Hälfte des Teiges (20 x 30 cm) mit Pfirsichspalten belegen. Das Backblech in den Backofen schieben.

Ober-/Unterhitze: etwa 180 °C (vorgeheizt, unteres Drittel)
Heißluft: etwa 160 °C (vorgeheizt)
Gas: Stufe 2–3 (vorgeheizt, unteres Drittel)
Backzeit: etwa 30 Minuten.

3. Das Backblech auf einen Kuchenrost stellen. Konfitüre durch ein Sieb streichen, mit Wasser unter Rühren kurz aufkochen. Die mit Pfirsichspalten belegte Gebäckhälfte sofort damit bestreichen, mit Pistazienkernen bestreuen.

4. Die Gebäckplatte mit dem Backpapier vom Backblech auf einen Kuchenrost ziehen und erkalten lassen. Die Gebäckplatte in der Mitte so durchschneiden, dass eine Hälfte mit Pfirsichspalten und eine Hälfte ohne entsteht. Die Gebäckplatten evtl. mit Hilfe eines langen Messers vorsichtig vom Backpapier lösen.

5. Für die Füllung Gelatine nach Packungsanleitung einweichen. Schichtkäse mit Joghurt, Puderzucker und Zitronensaft verrühren. Gelatine in einem kleinen Topf unter Rühren erwärmen (nicht kochen), bis sie völlig gelöst ist, leicht abkühlen lassen. Zuerst 4 Esslöffel der Joghurtmasse mit der Gelatine verrühren, dann mit der restlichen Joghurtmasse verrühren, kalt stellen.

6. Ein Backblech oder eine sehr große Tortenplatte mit einem großen Stück Alufolie (etwa 65 x 55 cm) belegen, die nicht belegte Gebäckhälfte darauf legen. Überstehende Alufolie so falten und einschneiden, dass ein 4–5 cm hoher stabiler Rand entsteht, der als Backrahmen dient.

(Fortsetzung Seite 82)

7. Wenn die Joghurtmasse anfängt dicklich zu werden, dann die beiseite gestellten Pfirsichwürfel unterrühren. Die Masse auf der Gebäckplatte verteilen. Die mit Pfirsichspalten belegte Gebäckplatte darauf legen. Kuchen 4 Stunden kalt stellen. Vor dem Servieren Alufolie entfernen.

Früchte-Blech

(20 Stück)

Raffiniert – erfrischend

Zubereitungszeit: 20 Minuten
Backzeit: etwa 30 Minuten

Zum Vorbereiten für den Belag:

2 Gläser	Wild-Preiselbeer-Dessert (Abtropfgewicht je 175 g)
1 Dose	Aprikosenhälften (Abtropfgewicht 240 g)
1 Dose	Ananasstücke (Abtropfgewicht 340 g)

Für den All-in-Teig:

375 g	Weizenmehl
1 Pck.	Dr. Oetker Backin
300 g	Zucker
1 Pck.	Dr. Oetker Vanillin-Zucker
3	Eier (Größe M)
200 ml	fettarme Milch (1,5 % Fett)

Zum Aprikotieren:

4 EL	Ananaskonfitüre
1 EL	Wasser

Pro Stück:

Eiweiß:	3,6 g
Fett:	1,4 g
Kohlenhydrate:	41 g
kJ:	805
kcal:	192

1. Zum Vorbereiten Preiselbeer-Dessert, Aprikosenhälften und Ananasstücke getrennt in je einem Sieb gut abtropfen lassen. Aprikosenhälften jeweils einmal durchschneiden.

2. Für den Teig Mehl mit Backin mischen und in eine Rührschüssel sieben. Restliche Zutaten hinzufügen und mit Handrührgerät mit Rührbesen auf höchster Stufe in etwa 2 Minuten zu einem glatten Teig verarbeiten.

3. Den Teig auf ein Backblech (30 x 40 cm, gefettet, mit Backpapier belegt) geben und glatt streichen. Zuerst Preiselbeeren auf dem Teig verteilen, dann Aprikosen- und Ananasstücke darauf legen. Das Backblech in den Backofen schieben.

Ober-/Unterhitze: etwa 180 °C (vorgeheizt, unteres Drittel)
Heißluft: etwa 160 °C (vorgeheizt)
Gas: Stufe 2–3 (vorgeheizt, unteres Drittel)
Backzeit: etwa 30 Minuten.

4. Das Backblech auf einen Kuchenrost stellen. Zum Aprikotieren Konfitüre durch ein Sieb streichen, in einem kleinen Topf mit Wasser unter Rühren aufkochen. Den heißen Kuchen sofort damit bestreichen. Den Kuchen erkalten lassen.

Kleckselkuchen

(20 Stück)

Raffiniert

Zubereitungszeit:	50 Minuten, ohne Abkühlzeit
Backzeit:	etwa 25 Minuten

Zum Vorbereiten:

1 Pck.	Dr. Oetker Pudding-Pulver Mandel-Geschmack
400 ml	fettarme Milch (1,5 % Fett)
4 EL	Zucker

Für den Quark-Öl-Teig:

400 g	Weizenmehl
1 Pck.	Dr. Oetker Backin
250 g	Speisequark (Magerstufe)
1	Eiweiß (Größe M)
90 g	Zucker
1 Prise	Salz
100 ml	fettarme Milch (1,5 % Fett)
5 EL	Sonnenblumenöl

Für den Belag:

1 Glas	Apfelkompott (Einwaage 370 g)
200 g	Pflaumenmus

Zum Bestreichen:

1	Eigelb (Größe M)
2 EL	fettarme Milch (1,5 % Fett)

Pro Stück:

Eiweiß:	5,2 g
Fett:	4,0 g
Kohlenhydrate:	33,5 g
kJ:	795
kcal:	190

1. Zum Vorbereiten Pudding-Pulver mit etwas Milch und Zucker anrühren. Restliche Milch in einem Topf zum Kochen bringen. Topf von der Kochstelle nehmen. Angerührtes Pudding-Pulver einrühren und unter Rühren gut kochen lassen. Pudding abkühlen lassen, dabei ab und zu umrühren, oder Frischhaltefolie direkt auf den heißen Pudding legen.

2. Für den Teig Mehl mit Backin mischen, in eine Rührschüssel sieben. Quark, Eiweiß, Zucker, Salz, Milch und Öl hinzufügen. Die Zutaten mit Handrührgerät mit Knethaken zunächst kurz auf niedrigster, dann auf höchster Stufe in etwa 1 Minute zu einem Teig verarbeiten (nicht zu lange, Teig klebt sonst). Anschließend auf einer bemehlten Arbeitsfläche zu einer Rolle formen.

3. Drei Viertel des Teiges auf einem Backblech (30 x 40 cm, gefettet) ausrollen. Apfelkompott und Pflaumenmus als Kleckse darauf geben. Den Pudding in den Zwischenräumen verteilen.

4. Restlichen Teig auf einer gut bemehlten Arbeitsfläche zu einem Rechteck (etwa 22 x 28 cm) ausrollen, mit einem Gitterroller darüber rollen. Das Teiggitter auf die Apfelkompott-Pflaumenmus-Masse legen und vorsichtig auseinander ziehen. Die Ränder etwas andrücken.

5. Zum Bestreichen Eigelb mit Milch verschlagen. Die Teigstreifen damit bestreichen. Das Backblech in den Backofen schieben.

Ober-/Unterhitze: etwa 200 °C (vorgeheizt)
Heißluft: etwa 180 °C (vorgeheizt)
Gas: Stufe 3–4 (vorgeheizt)
Backzeit: etwa 25 Minuten.

6. Das Backblech auf einen Kuchenrost stellen. Den Kuchen erkalten lassen.

Tipp: Wenn kein Gitterroller vorhanden ist, den Teig in dünne Streifen schneiden und rautenartig auf den Belag legen.
Sie können das Teiggitter auch auf bemehltem Backpapier aufrollen und auf dem Belag wieder abrollen.

Zwetschenkuchen mit Amarettini-Kruste (20 Stück)

Raffiniert

Zubereitungszeit:	70 Minuten
Backzeit:	etwa 30 Minuten

Zum Vorbereiten für den Belag:

1,5–1,75 kg	Zwetschen

Für den Quark-Öl-Teig:

300 g	Weizenmehl
3 gestr. TL	Dr. Oetker Backin
125 g	Speisequark (Magerstufe)
100 ml	Magermilch (0,3 % Fett)
100 ml	Sonnenblumenöl
75 g	Zucker
1 Pck.	Dr. Oetker Vanillin-Zucker
1 Pck.	Dr. Oetker Finesse Orangenfrucht
1 Prise	Salz

Zum Bestreuen:

1 Pck. (100 g)	Amarettini-Kekse
1 Pck.	Dr. Oetker Vanillin-Zucker

1. Zum Vorbereiten Zwetschen waschen, gut abtropfen lassen und entsteinen. Zwetschen ein- aber nicht durchschneiden.

2. Für den Teig Mehl mit Backin mischen, in eine Rührschüssel sieben. Quark, Milch, Sonnenblumenöl, Zucker, Vanillin-Zucker, Orangenfrucht und Salz hinzufügen. Die Zutaten mit Handrührgerät mit Knethaken zunächst kurz auf niedrigster, dann auf höchster Stufe in etwa 1 Minute zu einem Teig verarbeiten (nicht zu lange, Teig klebt sonst).

3. Anschließend auf einer bemehlten Arbeitsfläche zu einer Rolle formen. Die Teigrolle in einer Fettfangschale oder auf einem Backblech (30 x 40 cm, gefettet) ausrollen. Zwetschen dicht an dicht dachziegelartig auf den Teig legen.

4. Zum Bestreuen Kekse in einen Gefrierbeutel geben, Beutel verschließen. Kekse mit einer Teigrolle zerbröseln. Keksbrösel mit Vanillin-Zucker mischen und auf die Zwetschen streuen. Die Fettfangschale oder das Backblech in den Backofen schieben.

Ober-/Unterhitze: etwa 180 °C (vorgeheizt)
Heißluft: etwa 160 °C (vorgeheizt)
Gas: Stufe 2–3 (vorgeheizt)
Backzeit: etwa 30 Minuten.

5. Die Fettfangschale oder das Backblech auf einen Kuchenrost stellen. Den Kuchen erkalten lassen und in Stücke schneiden.

Pro Stück:	
Eiweiß:	3,4 g
Fett:	5,8 g
Kohlenhydrate:	27,3 g
kJ:	745
kcal:	178

Leichte Orangenschnitten

(10 Stück)

Raffiniert

Zubereitungszeit: 45 Minuten, ohne Abkühlzeit
Backzeit: etwa 10 Minuten

Für den Biskuitteig:

2	Eier (Größe M)
2 EL	Orangensaft
75 g	Zucker
1 Pck.	Dr. Oetker Vanillin-Zucker
75 g	Weizenmehl
25 g	Speisestärke
1 gestr. TL	Dr. Oetker Backin
1 Pck.	Dr. Oetker Finesse Orangenfrucht

Für die Füllung:

250 ml (1/4 l)	Orangensaft
50 g	Zucker
30 g	Speisestärke
2	Eigelb (Größe M)
5 EL	Wasser
2	Eiweiß (Größe M)

Für Belag und Guss:

3	Orangen
1 Pck.	Tortenguss, klar
250 ml (1/4 l)	Apfelsaft

Zum Verzieren und Bestreuen:

200 ml	Schlagsahne
	feine Orangenschalenstreifen

Pro Stück:

Eiweiß:	4,8 g
Fett:	9,0 g
Kohlenhydrate:	37,6 g
kJ:	1068
kcal:	254

1. Für den Teig Eier und Orangensaft mit Handrührgerät mit Rührbesen auf höchster Stufe in 1 Minute schaumig schlagen. Zucker mit Vanillin-Zucker mischen, in 1 Minute einstreuen, dann noch etwa 2 Minuten schlagen. Mehl mit Speisestärke und Backin mischen, auf die Eiercreme sieben, kurz auf niedrigster Stufe unterrühren. Orangenfrucht unterheben.

2. Den Teig auf ein Backblech (30 x 40 cm, mit Backpapier belegt) geben und glatt streichen. Das Backpapier unmittelbar vor dem Teig zu einer Falte knicken, so dass ein Rand entsteht. Das Backblech in den Backofen schieben.

Ober-/Unterhitze: etwa 200 °C (vorgeheizt)
Heißluft: etwa 180 °C (vorgeheizt)
Gas: Stufe 3–4 (vorgeheizt)
Backzeit: etwa 10 Minuten.

3. Die Biskuitplatte sofort nach dem Backen auf mit Zucker bestreutes Backpapier stürzen, mitgebackenes Backpapier vorsichtig abziehen. Biskuitplatte erkalten lassen.

4. Für die Füllung Orangensaft mit Zucker in einem Topf zum Kochen bringen. Speisestärke mit Eigelb und Wasser verrühren, Topf von der Kochstelle nehmen, angerührte Speisestärke einrühren und unter Rühren kurz aufkochen lassen. Eiweiß steif schlagen, sofort unter die heiße Speise rühren, etwas abkühlen lassen.

5. Die Biskuitplatte senkrecht halbieren. Eine Biskuithälfte auf eine Platte legen. Orangencreme darauf verteilen, zweite Biskuithälfte darauf legen, leicht andrücken.

6. Für Belag und Guss Orangen so schälen, dass die weiße Haut mit entfernt wird. Orangen in dünne Scheiben schneiden. Orangenscheiben auf den oberen Boden legen. Tortengusspulver mit Apfelsaft nach Packungsanleitung zubereiten und vorsichtig von der Mitte aus auf den Orangenscheiben verteilen.

7. Nach Belieben den Gebäckrand mit steif geschlagener Sahne verzieren und mit Orangenschalenstreifen bestreuen.

Zitronen-Preiselbeer-Schnecken (20 Stück)

Einfach

Zubereitungszeit: 35 Minuten, ohne Teiggehzeit
Backzeit: etwa 20 Minuten je Backblech

Für den Hefeteig:

500 g	Weizenmehl
1 Pck.	Dr. Oetker Trockenbackhefe
50 g	Zucker
1 Pck.	Dr. Oetker Vanillin-Zucker
1 Prise	Salz
2 Pck.	Dr. Oetker Finesse Geriebene Zitronenschale
2	Eier (Größe M)
100 g	zerlassene abgekühlte Halbfettmargarine (39 % Fett)
150 ml	lauwarme fettarme Milch (1,5 % Fett)

Für die Füllung:

1 Pck.	Backfeste Pudding-Creme
250 ml (1/4 l)	fettarme Milch (1,5 % Fett)
300 g	Wild-Preiselbeeren aus dem Glas

Zum Aprikotieren:

4 EL	Aprikosenkonfitüre
2 EL	Wasser

Pro Stück:

Eiweiß:	4,4 g
Fett:	3,3 g
Kohlenhydrate:	35,4 g
kJ:	792
kcal:	189

1. Für den Teig Mehl in eine Rührschüssel sieben, mit Trockenbackhefe sorgfältig vermischen. Zucker, Vanillin-Zucker, Salz, Zitronenschale, Eier, Margarine und Milch hinzufügen. Die Zutaten mit Handrührgerät mit Knethaken zunächst kurz auf niedrigster, dann auf höchster Stufe in etwa 5 Minuten zu einem Teig verarbeiten. Den Teig zugedeckt so lange an einem warmen Ort stehen lassen, bis er sich sichtbar vergrößert hat.

2. Den Teig leicht mit Mehl bestäuben, aus der Schüssel nehmen, auf einer bemehlten Arbeitsfläche nochmals kurz durchkneten und zu einem Rechteck (etwa 30 x 40 cm) ausrollen.

3. Für die Füllung Pudding-Creme mit Milch nach Packungsanleitung zubereiten, Preiselbeeren unterrühren. Die Creme mit Hilfe einer Teigkarte auf dem Teig verteilen, dabei einen etwa 1 cm breiten Rand frei lassen.

4. Den Teig von der längeren Seite her aufrollen und in etwa 2 cm dicke Scheiben schneiden (am besten mit einem Sägemesser).

5. Teigscheiben auf Backbleche (gefettet, mit Backpapier belegt) legen. Teigscheiben zugedeckt nochmals so lange an einem warmen Ort gehen lassen, bis sie sich sichtbar vergrößert haben. Die Backbleche nacheinander (bei Heißluft zusammen) in den Backofen schieben.

Ober-/Unterhitze: etwa 180 °C (vorgeheizt, unteres Drittel)
Heißluft: etwa 160 °C (vorgeheizt)
Gas: Stufe 2–3 (vorgeheizt, unteres Drittel)
Backzeit: etwa 20 Minuten je Backblech.

6. Die Backbleche auf je einen Kuchenrost stellen. Zum Aprikotieren Konfitüre durch ein Sieb streichen, mit Wasser in einem kleinen Topf unter Rühren etwas einkochen lassen. Die Schnecken sofort damit bestreichen.

7. Schnecken mit dem Backpapier von den Backblechen auf Kuchenroste ziehen. Schnecken erkalten lassen.

Apfel-Vanille-Törtchen

(12 Stück) **Für Kinder**

Zubereitungszeit: 50 Minuten, ohne Kühlzeit
Backzeit: etwa 10 Minuten je Backblech

Für den Krokant:

25 g	Zucker
10 g	Butter
50 g	abgezogene, gehackte Mandeln

Für den Biskuitteig:

2	Eier (Größe M)
2 EL	Apfelsaft oder Wasser
75 g	Zucker
1 Pck.	Dr. Oetker Vanillin-Zucker
100 g	Weizenmehl
1/2 gestr. TL	Dr. Oetker Backin
1 Msp.	gemahlener Zimt

Für den Belag:

250 ml (1/4 l)	Bourbon-Vanillesauce (aus dem Kühlregal)
1 Pck.	Quarkfein Vanille-Geschmack
125 g	Speisequark (Magerstufe)
knapp 1/2 Glas (135 g)	Apfelkompott

Pro Stück:

Eiweiß:	4,9 g
Fett:	4,8 g
Kohlenhydrate:	25,4 g
kJ:	692
kcal:	165

1. Für den Krokant Zucker und Butter in einer beschichteten Pfanne zerlassen. Mandeln hinzugeben, unter Rühren leicht bräunen, herausnehmen und auf Backpapier erkalten lassen. Mandeln evtl. mit einer Teigrolle etwas zerkleinern.

2. Für den Teig Eier und Apfelsaft oder Wasser mit Handrührgerät mit Rührbesen auf höchster Stufe in 1 Minute schaumig schlagen. Zucker und Vanillin-Zucker mischen, in 1 Minute einstreuen, dann noch etwa 2 Minuten schlagen.

3. Mehl mit Backin und Zimt mischen, die Hälfte davon auf die Eiercreme sieben, kurz auf niedrigster Stufe unterrühren. Restliches Mehlgemisch auf die gleiche Weise unterarbeiten.

4. Jeweils gut 1 Esslöffel des Teiges in etwas größeren Abständen auf Backbleche (gefettet, mit Backpapier belegt) verteilen. Es müssen insgesamt 12 Teighäufchen entstehen. Die Teighäufchen mit der Hälfte des vorbereiteten Krokants bestreuen. Die Backbleche nacheinander (bei Heißluft zusammen) in den Backofen schieben.

Ober-/Unterhitze: etwa 180 °C (vorgeheizt)
Heißluft: etwa 160 °C (vorgeheizt)
Gas: Stufe 2–3 (vorgeheizt)
Backzeit: etwa 10 Minuten je Backblech.

5. Die Törtchen mit dem Backpapier von den Backblechen auf Kuchenroste ziehen. Törtchen etwas abkühlen lassen, dann vom Backpapier lösen und auf eine Kuchenplatte legen.

6. Für den Belag Vanillesauce mit Quarkfein und Quark verrühren. Die Quarkmasse auf den Törtchen verteilen und leicht glatt streichen. In die Mitte jeweils knapp 1 Esslöffel des Apfelkompotts geben und mit dem restlichen Krokant bestreuen. Die Törtchen etwa 1 Stunde kalt stellen.

Tipp: Schneller geht es, wenn Sie 50 g fertig gekauften Haselnusskrokant verwenden.

Gefüllte Teigmützen

(16 Stück)

Raffiniert – für Kinder

Zubereitungszeit: 40 Minuten, ohne Kühlzeit
Backzeit: etwa 25 Minuten

Für den Brandteig:

200 ml	Wasser
2 EL	Speiseöl, z. B. Nussöl
150 g	Weizenmehl
3	Eier (Größe M)
1 gestr. TL	Dr. Oetker Backin

Für den Belag:

30 g	gesiebtes Weizenmehl
1 gestr. TL (4 g)	gesiebtes Kakaopulver (ungezuckert)
2 gestr. EL	Zucker
20 g	abgezogene, gemahlene Mandeln
20 g	Butter
2 TL	kaltes Wasser
1	Eiweiß zum Bestreichen

Für die Füllung:

250 g	Speisequark (Magerstufe)
2 EL	gesiebter Puderzucker
2 Pck.	Dr. Oetker Sahnesteif
300 g	Pfirsichjoghurt (3,1 % Fett), z. B. Landliebe

Pro Stück:

Eiweiß:	5,7 g
Fett:	5,0 g
Kohlenhydrate:	14,9 g
kJ:	537
kcal:	128

1. Für den Teig Wasser mit Speiseöl am besten in einem Stieltopf zum Kochen bringen. Mehl sieben, auf einmal in die von der Kochstelle genommene Flüssigkeit schütten, zu einem glatten Kloß rühren und unter Rühren etwa 1 Minute erhitzen.

2. Den heißen Kloß sofort in eine Schüssel geben. Nach und nach Eier mit Handrührgerät mit Knethaken auf höchster Stufe unterarbeiten. Der Teig muss stark glänzen und so von einem Löffel abreißen, dass lange Spitzen hängen bleiben. Backin in den erkalteten Teig arbeiten.

3. Für den Belag Mehl mit Kakao, Zucker und Mandeln in einer Rührschüssel mischen. Butter in kleinen Stücken und Wasser hinzugeben. Die Zutaten mit einer Gabel oder mit angefeuchteten Händen zu Streuseln verarbeiten.

4. Von dem Brandteig mit Hilfe von zwei kalt abgespülten Esslöffeln 16 Teighäufchen abstechen, auf ein Backblech (gefettet, gemehlt) setzen und mit einem Esslöffel flach drücken. Eiweiß verschlagen. Die Teighäufchen damit bestreichen und mit Streuseln bestreuen. Das Backblech in den Backofen schieben.

Ober-/Unterhitze: etwa 200 °C (vorgeheizt)
Heißluft: etwa 180 °C (vorgeheizt)
Gas: Stufe 3–4 (vorgeheizt)
Backzeit: etwa 25 Minuten.

5. Das Gebäck mit dem Backpapier vom Backblech auf einen Kuchenrost ziehen, erkalten lassen. Gebäck mit einer Schere waagerecht halbieren.

6. Für die Füllung Quark, Puderzucker und Sahnesteif mit Handrührgerät mit Rührbesen aufschlagen, Joghurt unterrühren. Die unteren Gebäckhälften damit füllen und mit den oberen Gebäckhälften belegen.

Tipp: Der Teig kann auch mit der gleichen Menge neutralem Öl, z. B. Rapsöl hergestellt werden. Statt Pfirsichjoghurt kann jeder andere Fruchtjoghurt oder Fruchtquark verwendet werden.

Amaretto-Muffins

(12 Stück)

Raffiniert – mit Alkohol

Zubereitungszeit:	40 Minuten, ohne Abkühlzeit
Backzeit:	etwa 30 Minuten

Zum Vorbereiten:

2 mittelgroße	säuerliche Äpfel (z. B. Boskop)
2 EL	Zitronensaft
75 g	Trockenpflaumen, ohne Stein
2 EL	Orangensaft
3 EL	Amaretto (Mandellikör)

Für den Rührteig:

3	Eiweiß (Größe M)
75 g	weiche Joghurtbutter (69 % Fett)
100 g	Zucker
1 Pck.	Dr. Oetker Vanillin-Zucker
6 Tropfen	Bittermandel-Aroma
1/2 TL	gemahlener Zimt
3	Eigelb (Größe M)
175 g	Weizenmehl
3 gestr. TL	Dr. Oetker Backin

Für die Form:

Semmelbrösel

Zum Bestäuben:

1 EL	Puderzucker

Pro Stück:

Eiweiß:	3,7 g
Fett:	6,6 g
Kohlenhydrate:	27,6 g
kJ:	800
kcal:	192

1. Zum Vorbereiten Äpfel waschen, schälen, halbieren und entkernen. Die Apfelhälften in je 3 gleich große Stücke schneiden. Mit Zitronensaft beträufeln. Pflaumen klein schneiden, mit Orangensaft und Amaretto in einen hohen Rührbecher geben und mit einem Mixstab fein pürieren.

2. Für den Teig Eiweiß mit Handrührgerät mit Rührbesen auf höchster Stufe steif schlagen, der Schnee muss so fest sein, dass ein Messerschnitt sichtbar bleibt. Joghurtbutter mit Handrührgerät mit Rührbesen auf höchster Stufe geschmeidig rühren. Nach und nach Zucker, Vanillin-Zucker, Aroma und Zimt unterrühren. So lange rühren, bis eine gebundene Masse entstanden ist.

3. Eigelb nach und nach unterrühren (jedes Eigelb knapp 1/2 Minute). Pflaumen-Saft-Mischung unterrühren. Mehl mit Backin mischen, sieben, portionsweise auf mittlerer Stufe unterrühren. Eischnee vorsichtig unterheben.

4. Jeweils 1 Esslöffel des Teiges in je 1 Förmchen einer Muffinform (für 12 Muffins, gefettet, mit Semmelbröseln ausgestreut) geben. Je ein Apfelstück darauf legen und den restlichen Teig darauf verteilen. Die Form auf dem Rost in den Backofen schieben.

Ober-/Unterhitze: etwa 180 °C (vorgeheizt, unteres Drittel)
Heißluft: etwa 160 °C (vorgeheizt)
Gas: Stufe 2–3 (vorgeheizt, unteres Drittel)
Backzeit: etwa 30 Minuten.

5. Die Muffins etwa 10 Minuten in der Form stehen lassen, dann aus der Form lösen und auf einen Kuchenrost stürzen. Muffins erkalten lassen und mit Puderzucker bestäuben.

Zitronen-Baiser-Herzen

(10 Stück)

Für Gäste

Zubereitungszeit: 25 Minuten, ohne Abkühlzeit
Backzeit: etwa 100 Minuten

Für die Baisermasse:

2	Eiweiß (Größe M)
100 g	Zucker

Für die Füllung:

1 Pck.	Mousse Zitrone (Cremepulver)
250 g	fettarmer Joghurt mild (1,5 % Fett)

Zum Bestreuen:

30 g	Pistazienkerne

1. Für die Baisermasse Eiweiß mit Handrührgerät mit Rührbesen auf höchster Stufe steif schlagen. Der Schnee muss so fest sein, dass ein Messerschnitt sichtbar bleibt, Zucker nach und nach kurz unterschlagen.

2. Die Eiweißmasse mit Hilfe eines Esslöffels in 10 Portionen auf ein Backblech (gefettet, mit Backpapier belegt) geben und jeweils zu einem Herz (Ø etwa 7 cm) ausstreichen. Das Backblech in den Backofen schieben.

Ober-/Unterhitze: etwa 120 °C (vorgeheizt, unteres Drittel)
Heißluft: etwa 100 °C (nicht vorgeheizt)
Gas: etwa Stufe 1 (nicht vorgeheizt, unteres Drittel)
Backzeit: etwa 100 Minuten.

3. Baiser-Herzen mit dem Backpapier vom Backblech auf einen Kuchenrost ziehen. Baiser-Herzen erkalten lassen.

4. Für die Füllung Mousse nach Packungsanleitung, aber statt mit Milch mit 250 g Joghurt aufschlagen. Mousse in einen Spritzbeutel mit Lochtülle (Ø 8 mm) geben und Tuffs auf die Baiser-Herzen spritzen.

5. Zum Bestreuen Pistazienkerne klein hacken. Baiser-Herzen damit bestreuen und sofort servieren.

Pro Stück:	
Eiweiß:	2,8 g
Fett:	2,5 g
Kohlenhydrate:	19,2 g
kJ:	470
kcal:	112

Tipp: Zum Steifschlagen von Eiweiß darf keine Spur von Eigelb im Eiweiß sein, Schüssel und Rührbesen müssen fettfrei sein. Sie können die Baiser-Herzen gut einige Tage vor dem Verzehr backen und ohne Füllung in einer gut schließenden Dose aufbewahren.

Amerikanische Waffeln

(10–12 Stück)

Einfach

Zubereitungszeit: 55 Minuten

Für den Teig:

3	Eiweiß (Größe M)
325 g	Weizenmehl
1 gestr. TL	Natron
1/2 gestr. TL	Salz
125 g	Zucker
500 ml (1/2 l)	Buttermilch
3	Eigelb (Größe M)
90 g	zerlassene abgekühlte Butter

1. Für den Teig Eiweiß mit Handrührgerät mit Rührbesen auf höchster Stufe steif schlagen. Der Schnee muss so fest sein, dass ein Messerschnitt sichtbar bleibt.

2. Mehl in eine Rührschüssel sieben, mit Natron, Salz und Zucker mischen. Nach und nach Buttermilch, Eigelb und Butter mit Handrührgerät mit Rührbesen auf höchster Stufe unterrühren. Eischnee unterheben.

3. Den Teig in nicht zu großen Portionen in ein gut erhitztes Waffeleisen (mit Speiseöl gefettet) füllen.

4. Die Waffeln goldbraun backen und einzeln auf einem Kuchenrost erkalten lassen.

Pro Stück:

Eiweiß:	6,6 g
Fett:	9,4 g
Kohlenhydrate:	34,2 g
kJ:	1036
kcal:	247

Biskuit-Omeletts mit Traubenfüllung (9 Stück)

Für Gäste

Zubereitungszeit:	40 Minuten, ohne Kühlzeit
Backzeit:	etwa 12 Minuten je Backblech

Für den Biskuitteig:

3	Eier (Größe M)
1	Eigelb (Größe M)
50 g	Zucker
1 Pck.	Dr. Oetker Vanillin-Zucker
60 g	Weizenmehl
1 gestr. TL	Dr. Oetker Backin

Für die Füllung:

4 Blatt	weiße Gelatine
1 Becher (200 g)	Hüttenkäse (3,9 % Fett)
250 g	Speisequark (Magerstufe)
4 EL	Ahornsirup oder Honig
je 50 g	grüne und blaue kernlose Weintrauben

Zum Bestäuben:

2 EL	Puderzucker

1. Für den Teig Eier und Eigelb mit Handrührgerät mit Rührbesen auf höchster Stufe in 1 Minute schaumig schlagen. Zucker und Vanillin-Zucker in 1 Minute einstreuen, dann noch etwa 2 Minuten schlagen. Mehl mit Backin mischen, auf die Eiercreme sieben, kurz auf niedrigster Stufe unterrühren.

2. Aus dem Teig 9 runde Platten (Ø etwa 10 cm) auf Backbleche (mit Backpapier belegt) streichen. Die Backbleche nacheinander (bei Heißluft zusammen) in den Backofen schieben.

Ober-/Unterhitze: etwa 200 °C (vorgeheizt)
Heißluft: etwa 180 °C (vorgeheizt)
Gas: Stufe 3–4 (vorgeheizt)
Backzeit: etwa 12 Minuten je Backblech.

3. Die Biskuitplatten sofort auf Backpapier stürzen, erkalten lassen, dann mitgebackenes Backpapier abziehen. Biskuitplatten zur Hälfte überklappen.

4. Für die Füllung Gelatine in kaltem Wasser nach Packungsanleitung einweichen, leicht ausdrücken. Die ausgedrückte Gelatine in einem kleinen Topf unter Rühren erwärmen (nicht kochen), bis sie völlig gelöst ist, leicht abkühlen lassen. Hüttenkäse, Quark und Ahornsirup oder Honig verrühren. Die Gelatine mit etwas von der Käsecreme verrühren, dann mit der restlichen Käsecreme verrühren. Creme gut 30 Minuten kalt stellen.

5. Weintrauben waschen, abtropfen lassen, entstielen und trockentupfen. Weintrauben je nach Größe längs halbieren bzw. vierteln. Weintrauben unter die Käsecreme heben, nochmals 30 Minuten kalt stellen, Creme fest werden lassen.

6. Die Omeletts mit der Käse-Weintrauben-Creme füllen. Die Oberfläche mit Puderzucker bestäuben und bis zum Servieren kalt stellen.

Pro Stück:	
Eiweiß:	10,8 g
Fett:	3,9 g
Kohlenhydrate:	23,4 g
kJ:	727
kcal:	173

Hefewaffeln

(6 Stück)

Beliebt

Zubereitungszeit: 45 Minuten

Für den Hefeteig:

200 g	Weizenmehl (Type 550)
1 Pck.	Dr. Oetker Hefeteig Garant
250 ml (1/4 l)	fettarme Milch (1,5 % Fett)
2 EL	Zucker
1 Prise	Salz
1	Ei (Größe M)
15 g	zerlassene abgekühlte Butter oder Margarine

Zum Bestäuben:

Puderzucker

1. Für den Teig Mehl in eine Rührschüssel sieben, mit Hefeteig Garant mischen. Milch, Zucker, Salz, Ei und Butter oder Margarine hinzufügen und alles mit Handrührgerät mit Knethaken in etwa 2 Minuten zu einem glatten Teig verarbeiten.

2. Den Teig in kleinen Portionen in ein gut erhitztes, beschichtetes Waffeleisen geben. Die Waffeln goldbraun backen und einzeln auf einen Kuchenrost legen. Waffeln warm oder kalt mit Puderzucker bestäubt servieren.

Pro Stück:

Eiweiß:	6,5 g
Fett:	4,9 g
Kohlenhydrate:	33,0 g
kJ:	877
kcal:	209

Tipp: Servieren Sie die Waffeln mit Roter Grütze aus dem Kühlregal.

Kirsch-Marzipan-Täschchen

(12 Stück)

Dauert etwas länger

Zubereitungszeit: 55 Minuten, ohne Abkühlzeit
Backzeit: etwa 20 Minuten

Zum Vorbereiten:

1 Glas	Sauerkirschen (Abtropfgewicht 350 g)
1 Pck.	Dr. Oetker Pudding-Pulver Mandel-Geschmack
4 EL	Wasser

Für den Quark-Öl-Teig:

300 g	Weizenmehl
1 Pck.	Dr. Oetker Backin
125 g	Speisequark (Magerstufe)
7 EL	Magermilch (0,3 % Fett)
4 EL	Sonnenblumenöl
75 g	Zucker
1 Pck.	Dr. Oetker Vanillin-Zucker
1/2 Fläschchen	Bittermandel-Aroma
100 g	klein geschnittene Marzipan-Rohmasse
35 g	abgezogene, gehobelte Mandeln

Für den Guss:

100 g	gesiebter Puderzucker
2 EL	heißes Wasser

Pro Stück:

Eiweiß:	6,4 g
Fett:	8,4 g
Kohlenhydrate:	49,1 g
kJ:	1254
kcal:	299

1. Zum Vorbereiten Sauerkirschen in einem Sieb abtropfen lassen, den Saft dabei auffangen. Pudding-Pulver mit Wasser anrühren. Den Saft in einem Topf zum Kochen bringen. Angerührtes Pudding-Pulver unter Rühren in den von der Kochstelle genommenen Saft geben und aufkochen lassen. Sauerkirschen unterheben und nochmals unter Rühren kurz aufkochen lassen.

2. Für den Teig Mehl mit Backin mischen, in eine Rührschüssel sieben. Quark, Milch, Sonnenblumenöl, Zucker, Vanillin-Zucker und Aroma hinzufügen. Die Zutaten mit Handrührgerät mit Knethaken zunächst kurz auf niedrigster, dann auf höchster Stufe in etwa 1 Minute zu einem Teig verarbeiten (nicht zu lange, Teig klebt sonst).

3. Anschließend auf einer bemehlten Arbeitsfläche zu einer Rolle formen. Teigrolle zuerst zu einem Rechteck (etwa 48 x 36 cm) ausrollen, dann 12 Quadrate (etwa 12 x 12 cm) ausschneiden.

4. Jedes Teigquadrat mit etwas von der Kirschmasse und dem klein geschnittenen Marzipan belegen (Rand dabei frei lassen). Teigränder mit Wasser bestreichen, überklappen und festdrücken, evtl. mit Hilfe eines Rührlöffels. Die gefüllten Täschchen auf ein Backblech (mit Backpapier belegt) legen. Das Backblech in den Backofen schieben.

Ober-/Unterhitze: etwa 180 °C (vorgeheizt)
Heißluft: etwa 160 °C (vorgeheizt)
Gas: Stufe 2–3 (vorgeheizt)
Backzeit: etwa 20 Minuten.

5. Das Gebäck mit dem Backpapier vom Backblech auf einen Kuchenrost ziehen. Gebäck erkalten lassen.

6. Mandeln in einer Pfanne ohne Fett hellbraun rösten und auf einem Teller erkalten lassen.

7. Für den Guss Puderzucker und Wasser zu einer dünnflüssigen Masse verrühren. Kirsch-Marzipan-Täschchen damit überziehen, sofort mit Mandeln bestreuen. Guss fest werden lassen.

Fruchtige Scones

(12 Stück)

Schnell – einfach

Zubereitungszeit: 20 Minuten
Backzeit: etwa 15 Minuten

Zum Vorbereiten:

50 g	getrocknete Aprikosen

Für den Knetteig:

250 g	Weizenmehl
3 gestr. TL	Dr. Oetker Backin
100 g	weiche Halbfettbutter (39 % Fett)
1/2 gestr. TL	Salz
40 g	Zucker
1 Pck.	Dr. Oetker Finesse Orangenfrucht
100 ml	fettarme Milch (1,5 % Fett)

Zum Bestreichen:

etwas	fettarme Milch (1,5 % Fett)

1. Zum Vorbereiten Aprikosen in feine Würfel schneiden.

2. Für den Teig Mehl mit Backin mischen und in eine Rührschüssel sieben. Halbfettbutter, Salz, Zucker, Orangenfrucht und Milch hinzufügen. Die Zutaten mit Handrührgerät mit Knethaken schnell zu einem Teig verarbeiten. Aprikosenstückchen kurz unterkneten.

3. Den Teig auf einer bemehlten Arbeitsfläche kurz durchkneten und zu einer Rolle formen. Teigrolle in 12 gleich große Stücke teilen und je zu einer Kugel formen. Teigkugeln jeweils zu einem Kreis (Ø etwa 4 cm) flach drücken, auf ein Backblech (mit Backpapier belegt) legen und mit Milch bestreichen. Das Backblech in den Backofen schieben.

Ober-/Unterhitze: etwa 200 °C (vorgeheizt)
Heißluft: etwa 180 °C (vorgeheizt)
Gas: Stufe 3–4 (vorgeheizt)
Backzeit: etwa 15 Minuten.

4. Die Scones mit dem Backpapier vom Backblech auf einen Kuchenrost ziehen. Scones etwas abkühlen lassen, lauwarm mit Magerquark und Konfitüre servieren.

Pro Stück:	
Eiweiß:	3,2 g
Fett:	3,7 g
Kohlenhydrate:	22,1 g
kJ:	562
kcal:	134

Pflaumenteilchen mit Zimtstreuseln (8 Stück)

Für Kinder

Zubereitungszeit: 50 Minuten, ohne Abkühlzeit
Backzeit: etwa 20 Minuten je Backblech

Zum Vorbereiten:

1 Glas	Pflaumenhälften (Abtropfgewicht 385 g)
25 g	gesiebte Speisestärke
30 g	Zucker
1/2 Pck.	Dr. Oetker Finesse Geriebene Zitronenschale

Für den Quark-Öl-Teig:

200 g	Weizenmehl
2 gestr. TL	Dr. Oetker Backin
125 g	Speisequark (Magerstufe)
40 g	Zucker
1 Pck.	Dr. Oetker Vanillin-Zucker
1/2 Pck.	Dr. Oetker Finesse Geriebene Zitronenschale
5 EL	fettarme Milch (1,5 % Fett)
2 EL	Sonnenblumenöl

Für die Streusel:

2	Zwiebäcke (je 10 g)
25 g	zerlassene abgekühlte Halbfettbutter (39 % Fett)
1 EL	Weizenmehl
1 EL	Hagelzucker
1/2 TL	gemahlener Zimt

1. Zum Vorbereiten Pflaumenhälften in einem Sieb abtropfen lassen. Den Saft dabei auffangen. Speisestärke mit 4 Esslöffeln des Pflaumensaftes anrühren. Restlichen Pflaumensaft in einem kleinen Topf mit Zucker und Zitronenschale zum Kochen bringen. Angerührte Speisestärke unter Rühren in den von der Kochstelle genommenen Saft geben, kurz aufkochen lassen. Die Pflaumenhälften unterheben, etwas abkühlen lassen.

2. Für den Teig Mehl mit Backin mischen, in eine Rührschüssel sieben. Quark, Zucker, Vanillin-Zucker, Zitronenschale, Milch und Sonnenblumenöl hinzufügen. Die Zutaten mit Handrührgerät mit Knethaken zunächst kurz auf niedrigster, dann auf höchster Stufe in etwa 1 Minute zu einem Teig verarbeiten (nicht zu lange, Teig klebt sonst).

3. Anschließend auf einer bemehlten Arbeitsfläche zu einer Rolle formen. Teigrolle in 8 Portionen teilen und 8 gleich große Kugeln daraus formen. Teigkugeln zu je einer runden Platte (Ø etwa 12 cm) ausrollen oder mit einem Förmchen (Ø 10 cm) ausstechen. Die Teigplatten auf Backbleche (mit Backpapier belegt) legen, Teig mit einer Gabel mehrmals einstechen. Pflaumenkompott darauf verteilen, dabei am Rand etwas frei lassen.

4. Für die Streusel Zwiebäcke in einen kleinen Gefrierbeutel geben, Beutel verschließen. Zwiebäcke mit einer Teigrolle fein zerbröseln und in eine Rührschüssel geben. Halbfettbutter, Mehl, Hagelzucker und Zimt hinzugeben. Die Zutaten zu Streuseln von gewünschter Größe verkneten und auf das Pflaumenkompott streuen. Die Backbleche nacheinander (bei Heißluft zusammen) in den Backofen schieben.

Ober-/Unterhitze: etwa 180 °C (vorgeheizt)
Heißluft: etwa 160 °C (vorgeheizt)
Gas: Stufe 2–3 (vorgeheizt)
Backzeit: etwa 20 Minuten je Backblech.

5. Die Teilchen mit dem Backpapier von den Backblechen auf Kuchenroste ziehen und erkalten lassen.

Pro Stück:

Eiweiß:	6,1 g
Fett:	4,4 g
Kohlenhydrate:	50,6 g
kJ:	1124
kcal:	268

Hefeteilchen

(9 Stück)

Für Kinder

Zubereitungszeit: 35 Minuten
Backzeit: etwa 20 Minuten

Zum Vorbereiten:

1 kleine Dose	Aprikosenhälften (Abtropfgewicht 240 g)

Für den Hefeteig:

375 g	Weizenmehl
1 Pck.	Dr. Oetker Hefeteig Garant
75 g	Zucker
1 Prise	Salz
1	Ei (Größe M)
1	Eiweiß (Größe M)
125 ml (1/8 l)	fettarme Milch (1,5 % Fett)
50 g	weiche Halbfettbutter (39 % Fett)

Zum Bestreichen:

1	Eigelb
1 EL	fettarme Milch (1,5 % Fett)
100 g	Haselnusskrokant

1. Zum Vorbereiten Aprikosenhälften in einem Sieb gut abtropfen lassen.

2. Für den Teig Mehl in eine Rührschüssel sieben, mit Hefeteig Garant sorgfältig vermischen. Zucker, Salz, Ei, Eiweiß, Milch und Halbfettbutter hinzufügen. Die Zutaten mit Handrührgerät mit Knethaken in etwa 2 Minuten zu einem glatten Teig verarbeiten.

3. Den Teig leicht mit Mehl bestäuben und zu einer Rolle formen. Teigrolle auf einer bemehlten Arbeitsfläche zu einem Quadrat (etwa 30 x 30 cm) ausrollen und 9 kleine Quadrate (etwa 10 x 10 cm) ausschneiden.

4. Zum Bestreichen Eigelb mit Milch verschlagen, die Teigränder damit bestreichen. Aprikosenhälften in die Mitte der Teigquadrate legen. Jeweils 2 gegenüber liegende Teigseiten zur Mitte zusammenklappen und festdrücken.

5. Die Teilchen mit der Naht nach unten auf ein Backblech (mit Backpapier belegt) legen. Teigoberfläche mit einem scharfen Messer zweimal diagonal einschneiden, mit der restlichen Eigelbmilch bestreichen und mit Krokant bestreuen. Das Backblech in den Backofen schieben.

Ober-/Unterhitze: etwa 180 °C (vorgeheizt)
Heißluft: etwa 160 °C (vorgeheizt)
Gas: Stufe 2–3 (vorgeheizt)
Backzeit: etwa 20 Minuten.

6. Die Hefeteilchen mit dem Backpapier vom Backblech auf einen Kuchenrost ziehen. Teilchen erkalten lassen.

Pro Stück:	
Eiweiß:	7,6 g
Fett:	5,7 g
Kohlenhydrate:	53,9 g
kJ:	1267
kcal:	302

Tipp: Sehr gut schmecken die Hefeteilchen auch mit einer Birnenfüllung, dafür statt Aprikosenhälften aus der Dose Birnenhälften verwenden.

Schnecken mit Aprikosen-Quark-Füllung (10 Stück)

Für Kinder

Zubereitungszeit:	40 Minuten
Backzeit:	etwa 20 Minuten

Zum Vorbereiten für die Füllung:

200 g	getrocknete Aprikosen (Softfrüchte)
50 ml	Wasser oder Fruchtsaft
1	Eigelb (Größe M)
250 g	Speisequark (Magerstufe)
1	Eiweiß (Größe M)

Für den Quark-Öl-Teig:

300 g	Weizenmehl
3 TL	Dr. Oetker Backin
125 g	Speisequark (Magerstufe)
100 ml	Magermilch (0,3 % Fett)
50 ml	Sonnenblumenöl
75 g	Zucker
1 Pck.	Dr. Oetker Finesse Geriebene Zitronenschale

Zum Bestreuen:

1 Pck.	Dr. Oetker Vanillin-Zucker
1/2 TL	gemahlener Zimt
1 EL	abgezogene, gehobelte Mandeln

Außerdem:

20	Papierbackförmchen

Pro Stück:

Eiweiß:	10,7 g
Fett:	7,0 g
Kohlenhydrate:	43,0 g
kJ:	1178
kcal:	281

1. Zum Vorbereiten Aprikosen klein schneiden, mit Wasser oder Saft mischen. Eigelb mit Quark verrühren. Eiweiß sehr steif schlagen und unterziehen. Die klein geschnittenen Aprikosen unterheben.

2. Für den Teig Mehl mit Backin mischen und in eine Rührschüssel sieben. Quark, Milch, Sonnenblumenöl, Zucker und Zitronenschale hinzufügen. Die Zutaten mit Handrührgerät mit Knethaken zunächst kurz auf niedrigster, dann auf höchster Stufe in etwa 1 Minute zu einem Teig verarbeiten (nicht zu lange, Teig klebt sonst).

3. Anschließend auf einer bemehlten Arbeitsfläche zu einer Rolle formen und zu einem Rechteck (etwa 48 x 25 cm) ausrollen. Aprikosen-Quark-Masse darauf verteilen, am Rand etwa 2 cm frei lassen. Den Teig von der längeren Seite her aufrollen.

4. Jeweils 2 ineinander gestellte Papierbackförmchen auf einem Backblech verteilen. Teigrolle in etwa 4 cm dicke Scheiben schneiden. Teigscheiben waagerecht in die Papierbackförmchen legen.

5. Zum Bestreuen Vanillin-Zucker mit Zimt mischen. Zimtzucker auf die Teigröllchen streuen. Mandeln darauf verteilen. Das Backblech in den Backofen schieben.

Ober-/Unterhitze: etwa 180 °C (vorgeheizt)
Heißluft: etwa 160 °C (vorgeheizt)
Gas: Stufe 2–3 (vorgeheizt)
Backzeit: etwa 20 Minuten.

6. Die Schnecken mit den Papierbackförmchen vom Backblech nehmen und auf einem Kuchenrost erkalten lassen.

Tipp: Sie können die Schnecken auch in einer Muffinform (für 12 Muffins) backen. Besonders saftig werden die Schnecken, wenn Sie statt der getrockneten Aprikosen gut abgetropfte Aprikosenhälften aus der Dose (Abtropfgewicht 240 g) verwenden.

Ananas-Kokos-Muffins

(12 Stück)

Mit Alkohol

Zubereitungszeit: 30 Minuten
Backzeit: etwa 30 Minuten

Zum Vorbereiten:

1 kleine Dose	geraspelte Ananas (Abtropfgewicht 278 g)

Für die Baisermasse:

3	Eiweiß (Größe M)
130 g	Zucker
1 Pck.	Dr. Oetker Vanillin-Zucker
30 g	Kokosraspel

Für den Rührteig:

40 g	Halbfettbutter (39 % Fett)
100 g	Zucker
1 Pck.	Dr. Oetker Vanillin-Zucker
3	Eigelb (Größe M)
130 g	Weizenmehl
2 gestr. TL	Dr. Oetker Backin
2–3 EL	Batida de Coco (Kokoslikör)

1. Zum Vorbereiten Ananas in einem Sieb abtropfen lassen und anschließend gut ausdrücken.

2. Für die Baisermasse Eiweiß mit Handrührgerät mit Rührbesen auf höchster Stufe steif schlagen, der Schnee muss so fest sein, dass ein Messerschnitt sichtbar bleibt, nach und nach Zucker und Vanillin-Zucker kurz unterschlagen. Zwei Drittel der Kokosraspel vorsichtig unterheben.

3. Für den Teig Halbfettbutter mit Handrührgerät mit Rührbesen auf höchster Stufe geschmeidig rühren. Nach und nach Zucker und Vanillin-Zucker unterrühren. So lange rühren, bis eine gebundene Masse entstanden ist.

4. Eigelb nach und nach unterrühren (jedes Eigelb knapp 1/2 Minute). Mehl mit Backin mischen, sieben, in 2 Portionen abwechselnd mit Batida de Coco auf mittlerer Stufe unterrühren. Ananasraspel unterheben.

5. Den Teig in eine Muffinform (für 12 Muffins, mit Papierbackförmchen ausgelegt) geben. Baisermasse darauf verteilen und restliche Kokosraspel darauf streuen. Die Form auf dem Rost in den Backofen schieben.

Ober-/Unterhitze: etwa 180 °C (vorgeheizt)
Heißluft: etwa 160 °C (vorgeheizt)
Gas: Stufe 2–3 (vorgeheizt)
Backzeit: etwa 30 Minuten.

6. Die Muffins etwa nach der Hälfte der Backzeit mit Backpapier zudecken, da Kokosraspel zu schnell bräunen.

7. Die Muffins etwa 10 Minuten in der Form stehen lassen, dann aus der Form nehmen und auf einem Kuchenrost erkalten lassen.

Tipp: Wenn Sie keine Ananasraspel bekommen, können Sie auch Ananasscheiben in kleine Stücke schneiden und in einem Sieb abtropfen lassen.

Pro Stück:	
Eiweiß:	3,3 g
Fett:	4,7 g
Kohlenhydrate:	34,1 g
kJ:	825
kcal:	197

Mango-Windbeutel

(12 Stück)

Für Kinder

Zubereitungszeit: 45 Minuten, ohne Abkühlzeit
Backzeit: etwa 25 Minuten

Für den Brandteig:

125 ml (1/8 l)	Wasser
30 g	Joghurtbutter (69 % Fett)
75 g	Weizenmehl
15 g	Speisestärke
2–3	Eier (Größe M)
1 Msp.	Dr. Oetker Backin

Für die Füllung:

1 kleine Dose	Mango (Abtropfgewicht 225 g)
250 g	Speisequark (Magerstufe)
15 g	Puderzucker
1 Pck.	Dr. Oetker Vanillin-Zucker
1 EL	Zitronensaft
1 Pck.	Dr. Oetker Sahnesteif

Zum Bestäuben:

10 g	Puderzucker

Pro Stück:

Eiweiß:	5,0 g
Fett:	3,2 g
Kohlenhydrate:	13,5 g
kJ:	434
kcal:	104

1. Für den Teig Wasser mit Butter in einem Stieltopf zum Kochen bringen. Mehl mit Speisestärke mischen, sieben, auf einmal in die von der Kochstelle genommene Flüssigkeit schütten, zu einem glatten Kloß rühren und unter Rühren etwa 1 Minute erhitzen.

2. Den heißen Kloß sofort in eine Rührschüssel geben. Nach und nach Eier mit Handrührgerät mit Knethaken auf höchster Stufe unterarbeiten. Die Eiermenge hängt von der Beschaffenheit des Teiges ab, er muss stark glänzen und so von einem Löffel abreißen, dass lange Spitzen hängen bleiben. Backin in den erkalteten Teig arbeiten.

3. 12 Teighäufchen mit 2 Teelöffeln oder mit einem Spritzbeutel mit Sterntülle (Ø 15 mm) auf ein Backblech (gefettet, mit Backpapier belegt) geben oder spritzen. Das Backblech in den Backofen schieben.

Ober-/Unterhitze: etwa 200 °C (vorgeheizt, unteres Drittel)
Heißluft: etwa 180 °C (vorgeheizt)
Gas: Stufe 3–4 (vorgeheizt, unteres Drittel)
Backzeit: etwa 25 Minuten.

4. Während der ersten 15 Minuten der Backzeit die Backofentür nicht öffnen, da das Gebäck sonst zusammenfällt.

5. Die Windbeutel vom Backpapier lösen und sofort von jedem Windbeutel einen Deckel abschneiden. Windbeutel auf einem Kuchenrost erkalten lassen.

6. Für die Füllung Mango in einem Sieb abtropfen lassen. Die Hälfte der Mangostücke pürieren, mit Quark, Puderzucker, Vanillin-Zucker, Zitronensaft und Sahnesteif geschmeidig rühren. Restliche Mangostücke in Würfel schneiden und unterheben.

7. Die Windbeutel mit der Mango-Quark-Creme füllen und die Deckel auflegen. Windbeutel mit Puderzucker bestäuben und sofort servieren.

Mandarinen in Cappuccino-Wolken (15 Stück)

Für Gäste – raffiniert

Zubereitungszeit: 20 Minuten, ohne Abkühlzeit
Backzeit: etwa 100 Minuten

Für die Baisermasse:

2	Eiweiß (Größe M)
100 g	Zucker
2 TL	Instant-Kaffeepulver

Für den Belag:

1 Dose	Mandarinen (Abtropfgewicht 175 g)

Für die Füllung:

1 Pck.	Dr. Oetker Paradies-Creme Sahne-Karamell-Geschmack
200 ml	fettarme Milch (1,5 % Fett)

Zum Bestreuen:

etwas	Zartbitterschokolade

1. Für die Baisermasse Eiweiß mit Handrührgerät mit Rührbesen auf höchster Stufe steif schlagen. Der Schnee muss so fest sein, dass ein Messerschnitt sichtbar bleibt, nach und nach Zucker kurz unterschlagen. Kaffeepulver vorsichtig unterrühren.

2. Die Baisermasse mit Hilfe eines Esslöffels in 15 Portionen auf ein Backblech (gefettet, mit Backpapier belegt) geben. Die Portionen zu Wolken (etwa 10 x 6 cm) ausstreichen. Das Backblech in den Backofen schieben.

Ober-/Unterhitze: etwa 120 °C (vorgeheizt, unteres Drittel)
Heißluft: etwa 100 °C (nicht vorgeheizt)
Gas: etwa Stufe 1 (nicht vorgeheizt, unteres Drittel)
Backzeit: etwa 100 Minuten.

3. Das Baiser mit dem Backpapier vom Backblech auf einen Kuchenrost ziehen. Baiser erkalten lassen.

4. Für den Belag Mandarinen in einem Sieb gut abtropfen lassen.

5. Für die Füllung Paradies-Creme nach Packungsanleitung, aber statt mit 300 ml Milch nur mit 200 ml Milch aufschlagen. Die Creme mit Hilfe eines Esslöffels auf dem Baiser verteilen.

6. Zum Bestreuen Schokolade mit einem Sparschäler schaben. Die Törtchen mit den Mandarinen belegen, mit der Schokolade bestreuen und sofort servieren.

Pro Stück:	
Eiweiß:	1,2 g
Fett:	1,1 g
Kohlenhydrate:	13,8 g
kJ:	295
kcal:	70

Tipp: Zum Steifschlagen von Eiweiß darf keine Spur von Eigelb im Eiweiß sein, Schüssel und Rührbesen müssen fettfrei sein. Sie können das Baiser gut einige Tage vor dem Verzehr backen und ohne Belag und Füllung in einer gut schließenden Dose aufbewahren.

Die richtige Wahl ist „leicht"

Leichter Back-Genuss ist kein Geheimnis, sondern fängt bei der Auswahl der Zutaten an.

Wenn es um fettarmes Backen geht, sind einige Teige besondere Favoriten: Hefeteig, Baiser, Quark-Öl-Teig, Biskuit (kein Wiener Boden!) oder die modernen All-in-Teige (alles wird auf einmal verrührt) sind genau richtig. Denn hier wird für die Zubereitung überhaupt kein oder nur sehr wenig Fett benötigt.
Idealerweise kombiniert man dieses Gebäck dann mit reichlich frischem Obst (am besten Saisonware) oder aromatischen Früchten aus der Tiefkühltruhe oder Dose (gibt es auch ohne Zuckerzusatz!). Je mehr Früchte, desto besser, denn Sie liefern viel Geschmack, aber kein zusätzliches Fett.
Für leichte Cremes sind fettarme Milchprodukten wie Joghurt, Dickmilch oder Buttermilch die erste Wahl, so wird aus jedem Kuchen oder jeder Torte im Nu ein unbeschwerter Genuss.

Zurückhaltung ist übrigens bei Nüssen, Kokosraspeln und Schokolade angesagt– alle enthalten reichlich Fett, deshalb sparsam verwenden.

Klassiker auf leichte Art

Aber auch die Klassiker wie Rühr- oder Knet-(Mürbe-)teig, die üblicherweise mit reichlich Fett gerührt, bzw. geknetet werden, lassen sich mit ein paar Tricks auf neue, leichtere Art zubereiten.
Unsere Rezepte beweisen: Der Geschmack muss dabei nicht zu kurz kommen!
Butter oder Margarine wurden zum Beispiel in vielen Rezepte durch entsprechend fettreduzierte bzw. Halbfettprodukte ersetzt. Damit lässt sich im Handumdrehen zwischen ca. 16 bis zu knapp 50 Prozent Fett pro Rezept einsparen!

Achten Sie beim Einkauf bitte auf die Herstellerhinweise. Einige Sorten eignen sich nur als Brotaufstrich (auf der Packung vermerkt), andere lassen sich problemlos zum Backen verwenden.

Genial einfach – einfach leicht

Ob für den Teig oder als erfrischende Füllung: Bei Joghurt, Quark, Dickmilch oder Frischkäse gibt es in jedem gut sortierten Kühlregal eine tolle Auswahl mit geringem Fettgehalt.
Wer auf die Nährwertangaben und den Fettgehalt achtet und stets die fettärmere Variante wählt, kann ganz einfach reichlich Fettkalorien sparen.

Modernes Backen braucht kein zusätzliches Fett

Zusätzliches Einfetten von Formen oder Blechen ist heutzutage oft nicht nötig. Verwenden Sie Backpapier oder moderne antihaft-beschichtete Formen, aus denen sich auch fettarme Kuchen problemlos lösen lassen.
Für kleine Teilchen oder z. B. Muffinformen sind passende Papierbackförmchen einfach ideal. Sie lassen sich nach Erkalten des Gebäcks einfach abziehen.

Hier noch einmal in der Kurz-Übersicht:

Die besten Tipps, Tricks und Infos rund um die fettarme Backstube:

- Hefeteig, Baiser, Quark-Öl-Teig, Biskuit (kein Wiener Boden!) oder einige All-in-Teige werden mit wenig, bzw. gar keinem Fett zubereitet – sind also immer eine gute Wahl.
- In einigen so genannten All-in-Teigen lässt sich ein Teil bzw. alles Fett durch z. B. Buttermilch, Joghurt oder Fruchtpüree ersetzen. Ideal für saftige Kuchen aus der Form, Muffins oder Blechkuchen.
- Wenig Teig, viel Frucht, das ist die Zauberformel für leichten Kuchengenuss. Am besten saisonfrische Früchte verwenden. Die aromatischste Alternative: tiefgekühltes Obst.
- Milchprodukte mit niedrigem Fettgehalt wie Joghurt, Dick- oder Buttermilch für Cremes und Füllungen verwenden.
- Halbfettbutter/-margarine oder Joghurtbutter sind für viele Rezepte eine tolle Alternative, mit der sich im Handumdrehen Fett einsparen lässt. Beim Einkauf darauf achten, ob sie laut Hersteller auch wirklich zum Backen geeignet sind. Bei der Zubereitung mit diesen Fettarten genau nach Rezeptanweisung vorgehen.

Aus der Form

Rosetten-Kuchen 8
Kirsch-Reis-Kuchen 10
Apfel-Zimt-Gugelhupf 12
Birnen-Brombeer-Tarte 14
Dinkel-Pflaumen-Kranz 16
Sauerkirschtarte 18
Caribic-Nusskuchen 20
Obstkuchen mit Mohn-Marzipan-Creme 22
Cognac-Karamell-Kuchen 24
Apfelkuchen, ganz leicht 26
Espresso-Mohn-Kranz 28
Pflaumentarte 30
Aprikosen-Quark-Gugelhupf 32

Torten

Apfel-Quark-Charlotte 34
Marmorierte Beerentorte 36
Grapefruit-Ringel-Torte 38
Limetten-Wickeltorte 40
Schokoladen-Preiselbeer-Torte 42
Multivitamintorte 44
Cocktail-Torte 46
Mohn-Kirsch-Torte 48
Amerikanische Käsetorte 50
Caribic-Torte 52
Marmorierte Erdbeer-Johannisbeer-
Torte **(Titelfoto)** 54
Stachelbeertorte mit Mandel-Baiserhaube ... 56
Rosa-Birnen-Apfel-Torte 58
Himbeer-Grieß-Torte 60
Biskuittorte mit Erdbeer-Kokos-Quark 62

Vom Blech

Pfirsich-Streifen-Kuchen 64
Apfel-Walnuss-Kranz 66
Aprikosen-Streuselkuchen 68
Apfel-Birnen-Blechkuchen 70
Tiramisu-Rolle 72
Buttermilchecken 74
Mandarinen-Zitronen-Rolle 76
Feine Apfelschnitten 78
Pfirsich-Joghurt-Schnitten 80
Früchte-Blech 82
Kleckselkuchen 84
Zwetschenkuchen mit Amarettini-Kruste 86
Leichte Orangenschnitten 88

Kleingebäck

Zitronen-Preiselbeer-Schnecken 90
Apfel-Vanille-Törtchen 92
Gefüllte Teigmützen 94
Amaretto-Muffins 96
Zitronen-Baiser-Herzen 98
Amerikanische Waffeln 100
Biskuit-Omeletts mit Traubenfüllung 102
Hefewaffeln 104
Kirsch-Marzipan-Täschchen 106
Fruchtige Scones 108
Pflaumenteilchen mit Zimtstreuseln 110
Hefeteilchen 112
Schnecken mit Aprikosen-Quark-Füllung 114
Ananas-Kokos-Muffins 116
Mango-Windbeutel 118
Mandarinen in Cappuccino-Wolken 120

Alphabetisches Register

A

Amaretto-Muffins 96
Amerikanische Käsetorte 50
Amerikanische Waffeln 100
Ananas-Kokos-Muffins 116
Apfel-Birnen-Blechkuchen 70
Apfelkuchen, ganz leicht 26
Apfel-Quark-Charlotte 34
Apfelschnitten, feine 78
Apfel-Vanille-Törtchen 92
Apfel-Walnuss-Kranz 66
Apfel-Zimt-Gugelhupf 12
Aprikosen-Quark-Gugelhupf 32
Aprikosen-Streuselkuchen 68

B

Beerentorte, marmorierte 36
Birnen-Apfel-Torte, rosa 58
Birnen-Brombeer-Tarte 14
Biskuit-Omeletts mit Traubenfüllung 102
Biskuittorte mit Erdbeer-Kokos-Quark 62
Buttermilchecken 74

C

Caribic-Nusskuchen 20
Caribic-Torte 52
Cocktail-Torte 46
Cognac-Karamell-Kuchen 24

D

Dinkel-Pflaumen-Kranz 16

E

Erdbeer-Johannisbeer-Torte,
marmorierte **(Titelfoto)** 54
Espresso-Mohn-Kranz 28

F

Feine Apfelschnitten 78
Früchte-Blech 82
Fruchtige Scones 108

G

Gefüllte Teigmützen 94
Grapefruit-Ringel-Torte 38

H

Hefeteilchen 112
Hefewaffeln 104
Himbeer-Grieß-Torte 60

K

Käsetorte, amerikanische 50
Kirsch-Marzipan-Täschchen 106
Kirsch-Reis-Kuchen 10
Kleckselkuchen 84

L

Leichte Orangenschnitten 88
Limetten-Wickeltorte 40

M

Mandarinen in Cappuccino-Wolken 120
Mandarinen-Zitronen-Rolle 76
Mango-Windbeutel 118
Marmorierte Beerentorte 36
Marmorierte Erdbeer-Johannisbeer-
Torte **(Titelfoto)** 54
Mohn-Kirsch-Torte 48
Multivitamintorte 44

O

Obstkuchen mit Mohn-Marzipan-Creme 22
Orangenschnitten, leichte 88

P

Pfirsich-Joghurt-Schnitten 80
Pfirsich-Streifen-Kuchen 64
Pflaumentarte 30
Pflaumenteilchen mit Zimtstreuseln 110

R

Rosa-Birnen-Apfel-Torte 58
Rosetten-Kuchen 8

S

Sauerkirschtarte 18
Schnecken mit Aprikosen-Quark-Füllung 114
Schokoladen-Preiselbeer-Torte 42
Scones, fruchtige 108
Stachelbeertorte mit Mandel-Baiserhaube ... 56

T

Teigmützen, gefüllte 94
Tiramisu-Rolle 72

W

Waffeln, amerikanische 100

Z

Zitronen-Baiser-Herzen 98
Zitronen-Preiselbeer-Schnecken 90
Zwetschenkuchen mit Amarettini-Kruste 86

Umwelthinweis Dieses Buch und der Einband wurden auf chlorfrei gebleichtem Papier gedruckt. Die Einschrumpffolie – zum Schutz vor Verschmutzung – ist aus umweltfreundlichem und recyclingfähigem PE-Material.

Wenn Sie Anregungen, Vorschläge oder Fragen zu unseren Büchern haben, rufen Sie uns unter folgender Nummer an 0521 155-25 80 oder 52 06-50 oder schreiben Sie uns: Dr. Oetker Verlag KG, Am Bach 11, 33602 Bielefeld oder besuchen Sie uns im Internet unter www.oetker.de.

Wir danken für die freundliche Unterstützung Seeberger KG, Ulm

Redaktion Carola Reich, Annette Riesenberg

Titelfoto Thomas Diercks, Hamburg
Innenfotos Thomas Diercks, Kai Boxhammer, Hamburg (S. 5, 9-35, 39-87, 91-121)
Bernd Lippert (S. 37, 89)

Rezeptentwicklung und -beratung Dr. Oetker Versuchsküche, Bielefeld

Nährwertberechnungen Nutri Service, Hennef

Grafisches Konzept kontur:design, Bielefeld
Gestaltung M•D•H Haselhorst, Bielefeld
Titelgestaltung kontur:design, Bielefeld

Reproduktionen Repro Schmidt, Dornbirn, Österreich
Satz JUNFERMANN Druck & Service, Paderborn
Druck und Bindung APPL Druck GmbH & Co. KG, Wemding

ISBN 3–7670–1001-1